中公新書 2238

釘原直樹著

人はなぜ集団になると怠けるのか

「社会的手抜き」の心理学

中央公論新社刊

はじめに

1＋1が2にならない

日本の就業者の8割以上が、会社や官庁や教育機関などに勤めている。すなわち、ほとんどの人は集団や組織の中で仕事をしている。ではなぜ、人間は集団で仕事をするのであろうか。その理由の1つは、1人ではできないことでも集団になればできるということである。奈良の大仏や自由の女神、超高層ビル、巨大タンカーを見れば、それを建設した集団の力を感ぜずにはいられない。ちなみに、東京スカイツリー建設は総事業費650億円、建設に関わった人の延べ人数は58万人といわれている。このような事業は個人でできるものではなく、集団でこそ可能になるものである。

他者の仕事に触発されて、自らの仕事のパフォーマンス（業績）が昂進《こうしん》することもあるだろう。たとえば、最近、製造現場で増えている一人屋台方式（セル方式）は、作業者の達成感充足のみならず、作業員の相互刺激と全体のパフォーマンス向上をねらって導入されていると考えられる。セル方式とは1人の作業者が複数の作業工程を担当するものである。ある電機メーカーではカラーコピー機（部品点数約1万、工程数3300）を1人で組み立てることができる工員も現れ、そのような人にはスーパーマイスターの称号を与えているということである。(1)

また、にわとりやねずみやゴキブリなどの動物でも、他の個体と一緒の場合はパフォーマンスが昂進することがわかっている。ある実験では他のゴキブリから観察されているゴキブリは、単純な迷路課題の場合には、餌《えさ》があるゴールにはやく到達することがわかった(2)。

このようなことを考えれば、集団で仕事をすることには大きなメリットがあり、当然のことのように思われる。

しかし、集団で仕事をすることのデメリットはないのであろうか。個々人は自分の能力や力を集団の中で100%発揮しているのであろうか。この問題に関して初めてくわしく分析したのは20世紀の初頭、フランスの農業技術の教授であったリンゲルマンである(3)。彼が実験したのは、綱引きや荷車を引くこと、回転するひき臼《うす》のバーを押すことなどであった。実験の結果、1人の力を100%とした場合、集団作業時の1人当たりの力の量は、2人の場合93%、3人85%、4人77%、5人70%、6人63%、7人56%、8人49%となった。つまり、8人で作業する場合、単独で作業するときにくらべて、半分以下しか力を出していないのである。このような実験を通じて、リンゲルマンは集団作業時には1人当たりのパフォーマンスが低下することを明らかにしたのである。

このように、個人が単独で作業を行った場合にくらべて、集団で作業を行う場合のほうが1人当たりの努力の量（動機づけ）が低下する現象を社会的手抜きという。

それではなぜ、集団の中では努力の量が低下するのであろうか。いくつかの理由が考えられるが、1つは集団の中では責任感が希薄になり一生懸命さが失われるからである。神輿《みこし》を10人でかつぐ場合、一生懸命支えているのは2人、かついでいるふりをしているのが6人、ぶら下がっているのが2人といわれたりする。このような現象はさまざまな状況で出現する。綱引きのような力仕事だけでなく、ブレーン・ストーミングのような頭脳労働でも、社会的手抜きが確認できる。さらに社会のあちこちを見れば、投票率の低下、不正な生活保護費受給の増大、年金保険料の不払い、授業中の私語、国会での議員の居眠り、相撲の八百長など枚挙に暇《いとま》がないほどである。これらについては、本書でくわしく見ていく。

ビートルズも手抜きをしていた?

ビートルズも社会的手抜きをしていたという研究もある。(4) その研究では1963〜70年の作品162曲について、曲の質の良し悪しと、ジョン・レノンとポール・マッカートニーそれぞれの単独作品であるのか、それとも両者の共作であるのかについて調べられ、分析がなされている。

ビートルズは1966年までは集団としてまとまり、音楽の方向性も生活スタイルもだいたい一致していたといわれている。しかし1966〜67年にかけていろいろな出来事（ドラッグ使用、映画製作、マネージャであったブライアン・エプスタインの死、オノ・ヨーコの出現、ライブ中心の活動からスタジオレコーディングへの変化など）があって、ビートルズは変貌《へんぼう》した。19

66年以降はソロ作品が増え、作成者がヴォーカルを担当し、他のメンバーがバックコーラスをつとめるということが多くなった。

もし共作(とくに1966年以降)のほうが単独作よりも質が悪いということであれば、共作では手抜きをしていたことになる。質の指標として曲がシングルカットされたかどうかということ(出来が良かったものはシングルカットしたと当人たちが述べている)と、人気投票であるビルボード・マガジンのチャートの順位を用いた。分析の結果、1967年以前はジョンとポールの単独作品のシングルカット率は37・7%であり、共作は52・9%であった。しかし67年以降はこの傾向が逆転し、単独作品が21%で共作が15・4%となった。チャート・ランキングについてもこれと同じような傾向が見られた。「ハロー・グッバイ」という1967年の共作の中に、「君はイエスと言い、僕はノーと言う。君は止まれと言い、僕は進め進めと言う」という歌詞がある。2人の志向性に違いが生じ、共同作品には単独作品ほどのエネルギーを注がなくなったということかもしれない。

プロ野球の社会的手抜き

プロ野球やサッカーについても、このような現象が発生している可能性がある。日米ともプロ野球のホーム球場での勝率は54%ほどであり、ホーム・チームがやや有利である。これをホーム・アドバンテージと呼んでいる。サッカーの場合、日本に関しては野球と大差はないが、国によっては80%近いホーム勝率となっている。これはホーム・チームの頑張りだけでなく、アウェイ・チームの社会的手抜きも反映していると考えられる。アウェイでは自分たちのプレーを監視しているファンの数も少なく、いわば集団の中に隠れることが容易である。たとえエラーをしてもヤジられることも少なく、目立たないだろう。このような心理的メカニズムが働き、アウェイ・チームは意識的・無意識的に手抜きをしている可能性がある。

手抜きを防ぐことはできるのか

このように、社会的手抜きは人間のさまざまな社会的行動についてまわる現象である。われわれは、日々、社会的手抜きをしているといっても過言ではない。もしそうであるなら、全体に大きな損害をもたらしている可能性がある。それを避ける方法があるのだろうか。

その有力な方法は、手抜きをしないように個人を監視することである。近年、しばしば導入されている成果主義や業績主義がそれである。個々人の挙げた成果や業績を把握して、それに応じた処遇をすることで手抜きを防ごうというものである。いわば「信賞必罰」である。これにもさまざまな工夫がなされてはいる。たとえば集団単位の評価をするとか、結果ではなくプロセスを重視するとか、とくに上層部の成果主義を徹底するとかである。しかしこのようなことをすれば、ほんとうに手抜きを防ぎ、長期的なパフォーマンスの向上が図れるのだろうか。これについては第8章で取り上げる。

本書ではこのようにごくありふれた現象でありながら、社会的影響力の大きな社会的手抜きについて、さまざまな側面からアプローチし、その発生条件やメカニズムについて紹介するものである。

目次

はじめに　i

1＋1が2にならない　ビートルズも手抜きをしていた？　プロ野球の社会的手抜き　手抜きを防ぐことはできるのか

第1章　社会的手抜きと集団のパフォーマンス――1

1　パフォーマンスの低下についての理論と課題の種類　2

旅の恥は掻き捨て　サボっているつもりはなくても……　人数が多くなると、なぜ生産性が下がるのか　手抜きが生じる課題の種類と特徴　分割できるか、分割不可能か　質か、量か　個人の貢献と集団の成果との関係　(1)加算的課題　(2)補正的課題　(3)分離的課題　(4)結合的課題　(5)任意的課題　社会的手抜きが発生する課題の種類

2　集団のサイズ　14

人数と手抜きの関係　ベキ指数によるモデル　人数が増えれば増えるほど伸び悩むようになる　確率論によるモデル　余裕のない大集団の問題

3　社会的手抜きはなぜ発生するか——心理的・生理的要因と環境要因　20
個人の努力が評価できない場合　努力の必要がない場合　他者に同調する場合　緊張感の低下　注意の拡散
4　発生プロセスに関する理論　27
社会的手抜きに影響する4要因　個人のパフォーマンスと努力の量　集団のパフォーマンスと努力の量　監視すればよいのか
5　他者の努力や怠けの評価についてのモデル　32
三年寝太郎　怠け者はどう評価されるか

第2章　社会的手抜きと個人や集団の特質——37

1　文化と社会的手抜き　37
個人主義と集団主義　欧米と東洋　東洋でも手抜きは見られるか　集団主義でも手抜きは見られるか　マイノリティであること　欧米人の集団主義に対する低評価　日中比較　面子の日中における違い　能力評価とパフォーマンス　文化比較研究の難しさ
2　男女による違い　52

女性は真面目か　性差による手抜きの実験——綱引き実験　性差による手抜きの実験——手芸実験

3　パーソナリティによる違い　59

どんな人が手抜きをするのか　勤勉性と協調性　達成動機　ナルシシズム　認知欲求　社会的手抜きと関連したパーソナリティとは

4　幼少期の社会的手抜き　66

心の理論の成立　嘘と社会的手抜き

第3章　日常生活における社会的手抜き————71

1　サイバー手抜き　71

仕事中のインターネット私的利用　サイバー手抜きによる損失　サイバー手抜きが生じる要因　サイバー手抜きを減らすには　サイバー手抜きのメリット

2　ブレーン・ストーミング　78

ブレーン・ストーミングとは　ブレーン・ストーミングの利点　集団は個人よりもほんとうに優れているか　動機づけの低下　調整の困難性

アイディアの選択

3　援助行動　85

なぜ誰も助けなかったのか　援助が必要かどうか　個人的責任があるか
ないか　責任の分散　リーダーシップの発揮　パニック脱出実験
絆の有無　援助の利益とコスト　援助方法の決定

4　教室での問題行動　97

奨励規範と禁令規範　居眠り　私語　カンニング　カンニング
の国際比較　カンニング実験　カンニングの男女差　カンニング防
止に何が有効か

5　リスク行動　108

多重チェックの落とし穴　多重チェック実験　リスクホメオスタシス
ルーチン化の呪縛　ルーチンスの水瓶問題

第4章　国家と社会的手抜き　115

1　生活保護と公共心　115

生活保護費の不正受給　動機づけを阻害する金銭的報酬　プロテスタン

ト労働倫理　公共心とプロテスタント労働倫理
2　国家財政と信頼　122
国家財政と他者への信頼度　国民の達成動機と経済活力
3　投票行動　126
社会的手抜きとしての棄権　それでも投票する理由　集団サイズと投票行動　投票することの満足感　「あなたの1票が日本を決める」？
4　集団意思決定——真珠湾攻撃から考える　134
集団浅慮　(1)集団成員相互の同調圧力　(2)自己検閲　(3)マインドガードの発生　(4)表面上の意見の一致　(5)無謬性の幻想　(6)道徳性の幻想　(7)外集団に対するゆがんだ認識　(8)解決方略の拙さ　集団浅慮の症状と社会的手抜き　(1)集団凝集性の高さ　(2)孤立　(3)リーダーシップ　(4)問題解決のためのストレス　集団浅慮を防ぐには

第5章　社会的手抜きとスポーツ

153
1　スポーツにおける社会的手抜き　153
集団球技における評価可能性と手抜き　リレーにおける集団凝集性と手抜き

疲労と手抜き

2　ホーム・アドバンテージ　156

ホーム・アドバンテージとは　日米プロ野球の比較　日米の球団数とフランチャイズ移動の変遷　試合の重要性　移動距離　観衆要因　フランチャイズの移動　ルール要因　日米のホーム・アドバンテージの違い　日米差の原因　プロ野球と高校野球の違い　ホーム・アドバンテージの時代差と地域差　サッカーの国別ホーム・アドバンテージ

3　応援の効果　173

応援は効果があるか　応援は選手のパフォーマンスを阻害する　応援が審判の判断に与える効果

4　八百長　178

実力差と偶然と　相撲の八百長　八百長はなくなったか

第6章　社会的手抜きの悪影響 ―― 185

1　フリーライダー効果　185

ただ乗りの存在　正直と得をしたい気持ちの間で

2　腐ったリンゴ効果　188
人間はネガティブ情報に敏感　プロスペクト理論とは　対人イメージの非対称性　腐ったリンゴ効果　利己的振る舞いをする人の人数　罰と目標とパフォーマンス

第7章　社会的手抜きに反する現象

197

1　社会的促進　197
集団による動機づけの上昇　どのようなときに社会的促進が起こるか　優勢反応と非優勢反応　注意逸脱葛藤理論　評価懸念説　社会的問題への影響

2　社会的補償　203
手抜きをする他者をカバー　どのようなときに社会的補償が起こるか　思い込みでも発生する社会的補償　社会的補償から考察される4つのポイント　無用の用

3　ケーラー効果　208
劣った人の頑張り　弱者と強者の差　誰に発生するか　そのメカニ

ズム

第8章　社会的手抜きに対する対策　213
1　罰を与える　213
報酬と罰の非対称性　罰の効果に対する幻想
2　社会的手抜きをしない人物を選考する　216
指標としてのパーソナリティ　学歴と動機づけの強さ
3　リーダーシップにより集団や仕事に対する魅力の向上を図る　218
業務処理型リーダーと変革型リーダー　リーダーによる働きかけ
4　パフォーマンスのフィードバックを行う　220
フィードバックの原理　情報の提示
5　集団の目標を明示する　222
目標は明確に　目標の提示方法
6　個人のパフォーマンスの評価可能性を高める　223
監視テクノロジーの発達　個人の役割の明確化　逐次合流テクニック

7 腐ったリンゴを排除し、他者の存在を意識させる 227
落書きとポイ捨て　1つの腐敗は、より悪質な腐敗に　目が喚起する規範意識
8 社会的手抜きという現象の知識を与える 231
無意識での社会的手抜き　知識を与えても　自己実現的予言と自殺的予言　事前情報と事後情報
9 手抜きする人物の役割に気づく 236
役割の分化　集団のメカニズムに気づく
あとがき 239
註・参考文献 252

イラスト・森谷満美子

図　表・山田信也（スタジオ・ポット）

第1章　社会的手抜きと集団のパフォーマンス

あるインターネット広告代理店で社員の一部に約2週間、仕事内容を記録してもらった結果、会議が1日に占める割合は3割ということであった。このように会社によっては会議が仕事時間に占める割合が大きいところがある。

それにもかかわらず参加者が居眠りをしたり、内職をしたりするような会議もある。また1人の長広舌により、他の人はひたすらそれに耐えなければならなかったり、出席者が多くて話し合いにならないこともある。さらに責任を回避するために、容易に決定できる内容にもかかわらず結論が先送りされることもある。あるいはブレーン・ストーミングのように活発な議論がなされ、出席者もその場では満足感を味わうが、後に冷静に検討すると議論の中身が浅薄で、結局、問題解決に結びつかないこともある。

このような非効率的な会議の背景には、共通して社会的手抜きのメカニズムが働いていると考えられる。

1　パフォーマンスの低下についての理論と課題の種類

旅の恥は掻き捨て

社会的手抜きとは、集団で仕事をするときのほうが1人でするときよりも1人当たりのパフォーマンス（業績）が低下する現象である。本章では、社会的手抜きとはどのようなものかを解説し、それがどのようなときに発生するかを課題や集団の分類をしながら見ていこう。

集団の中に埋没して他者の目を気にしないで済む状況では、人は邪《よこしま》なことを考えたり、反社会的行動を行ったり、仕事をサボったり、手抜きをするような存在であるという考え方がある。そのような行動に関連することわざとして「旅の恥は掻《か》き捨《す》て」「小人閑居して不善をなす」というものがある。いっぽう、「お天道様《てんとさま》が見ている」「天網恢恢《てんもうかいかい》疎《そ》にしてもらさず」などは、そのような心性に対する戒めの箴言《しんげん》である。

サボっているつもりはなくても……

ただし、意図的に「不善」をしているつもりはなくても、他の人と一緒に作業をしていると思っただけで、人は無意識に手抜きをしてしまう。その原因として「自分が頑張っても、それが集団全体の業績にはあまり影響しない」という「道具性」欠如の認識、他の人がしっかり仕事をしているので自分が頑張る必要はないと感じる「努力の不要性」の認識、たとえ頑張ってもそれが他の人にはわからないので評価されないという「評価可能性」欠如の認識などが挙げられる。これから紹介する社会的手抜きに関する実験や調査はこのような要因がかかわっているものがほとんどである。

次のような実験がある。[1]この実験では、チアリーダーをしている米国の女子高生が対象となった。チアリーダーや応援団は大声を出したり、手を叩《たた》いたり、足を踏み鳴らしたりして場を盛り上げる。大きな音を立てることもパフォーマンスの重要な要素の1つである。実験者はチアリーダーの寮に行き、「大声をあげながら手を叩くというパフォーマンスをあなたたちがどの程度できるか、確かめたい」と説明し、実験に参加してくれるように頼んだ。

実験は2人1組で行った。実験室には衝立《ついたて》と2つの椅子《いす》があった。[2]被験者が実験室に着くと、ヘッドフォンと目隠しが渡され、それを装着した。実験条件は1人で音を出す（大声を出し、かつ手を叩く）単独条件と、疑似ペア条件の2種類であった。疑似ペア条件とは、実際は1人で音を出しているのであるが、当人は衝立をはさんで隣にいる他者も音を出していると思い込んでいる条件である。疑似ペア条件では次のような手続きで実験が行われた。2人の被験者をAとBとすると、実験者は、Aに対して、Bには聞こえないように「これから隣の人（B）だけが音を出すことになっているから、あなたは黙っていてほしい」と伝え、Bには、Aには聞こえないように「2人とも音を出してもらう」と伝える。したがってBはAと一緒に音を出し

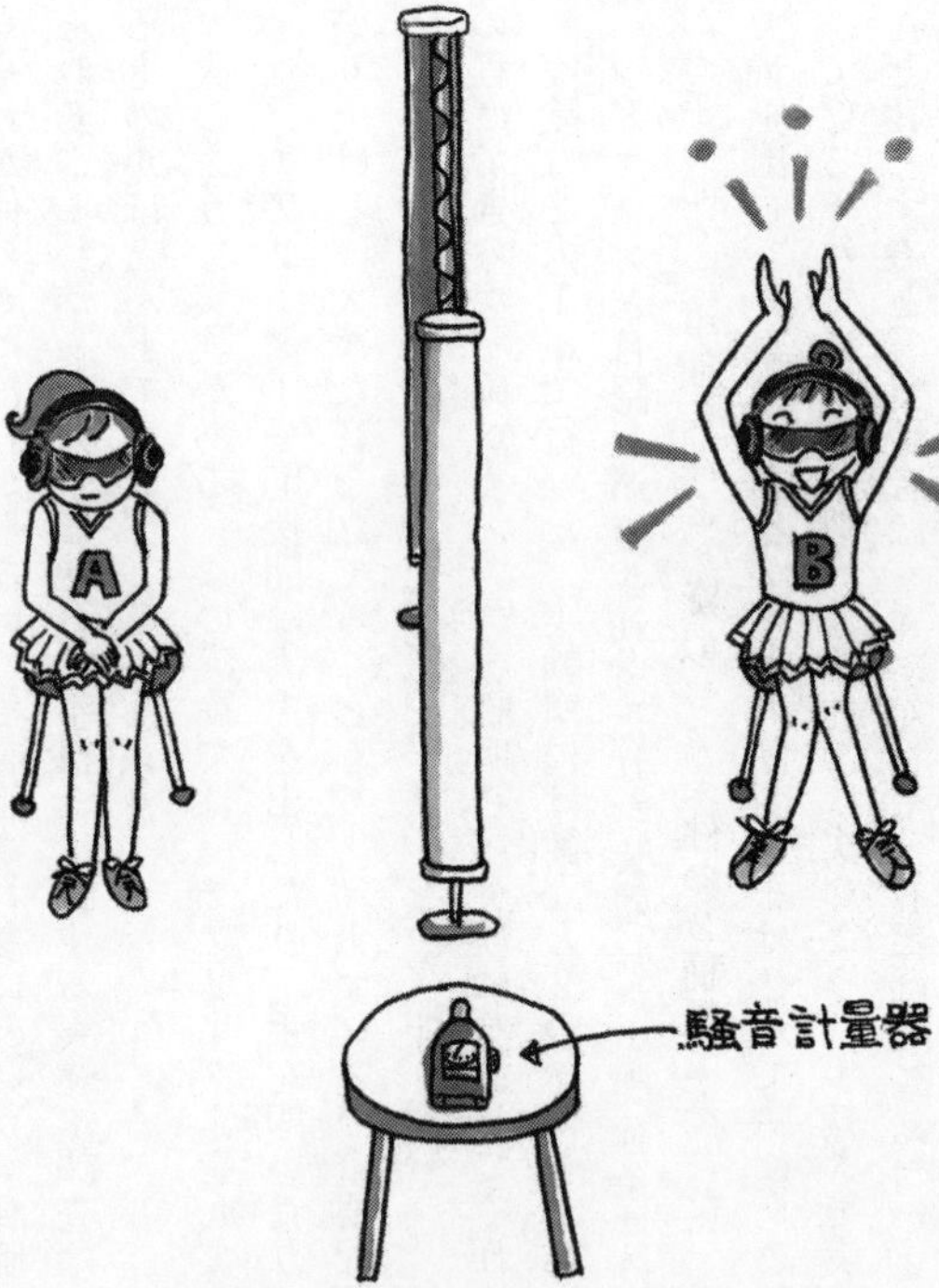

ていると思っているが、実際にはBだけが音を出す条件である。

被験者はヘッドフォンを通して、カウントダウンとそれに続く録音された大音響（6人が叫びながら手を叩いている）を聞かされた。被験者Bはカウントダウン終了直後の大音響と同時に力いっぱい大声を出し、手を叩くように要請されていた。両者にヘッドフォンを通して大音響を聞かせるのは、他者の行動がわからないようにして、実験操作を被験者にさとられないようにするためである。このように手の込んだ操作をしたのは、他者の存在を思い込むだけで、パフォーマンスに影響が出るのか否かを確認するためであった。

音の大きさは計量器で測定された。チアリーダーの平均音量は1メートル離れた距離では平均101デシベルであった。これは電車が通過するときのガード下の騒音に匹敵し、聴覚に異常をきたすレベルであった。

実験の結果、疑似ペア条件は単独条件の94％の音量しか出しておらず、手抜きをしていることが明らかになった。ただし、意識のレベルではほとんどの被験者が自分も相手も全力を尽くしたと思っていた。このように、無意識で手抜きをしてしまう理由については、あとで述べる。

人数が多くなると、なぜ生産性が下がるのか

この実験は2人集団で行われたものであるが、集団サイズが増大すれば手抜きの量はますます大きくなることが考えられる。すなわち集団全体のアウトプットは参加人数に比例する形では増大せず、次第に頭打ちになることが予想される。

この集団全体のアウトプットが個人それぞれのインプットを合計したものよりも少なくなってしまうことは、本書冒頭で述べたリンゲルマンがはじめて明らかにしたものである。彼は、集団サイズが大きくなればなるほど集団全体のアウトプットと個人のアウトプットの合計の差が拡大することも明らかにしている。これがリンゲルマン効果である。

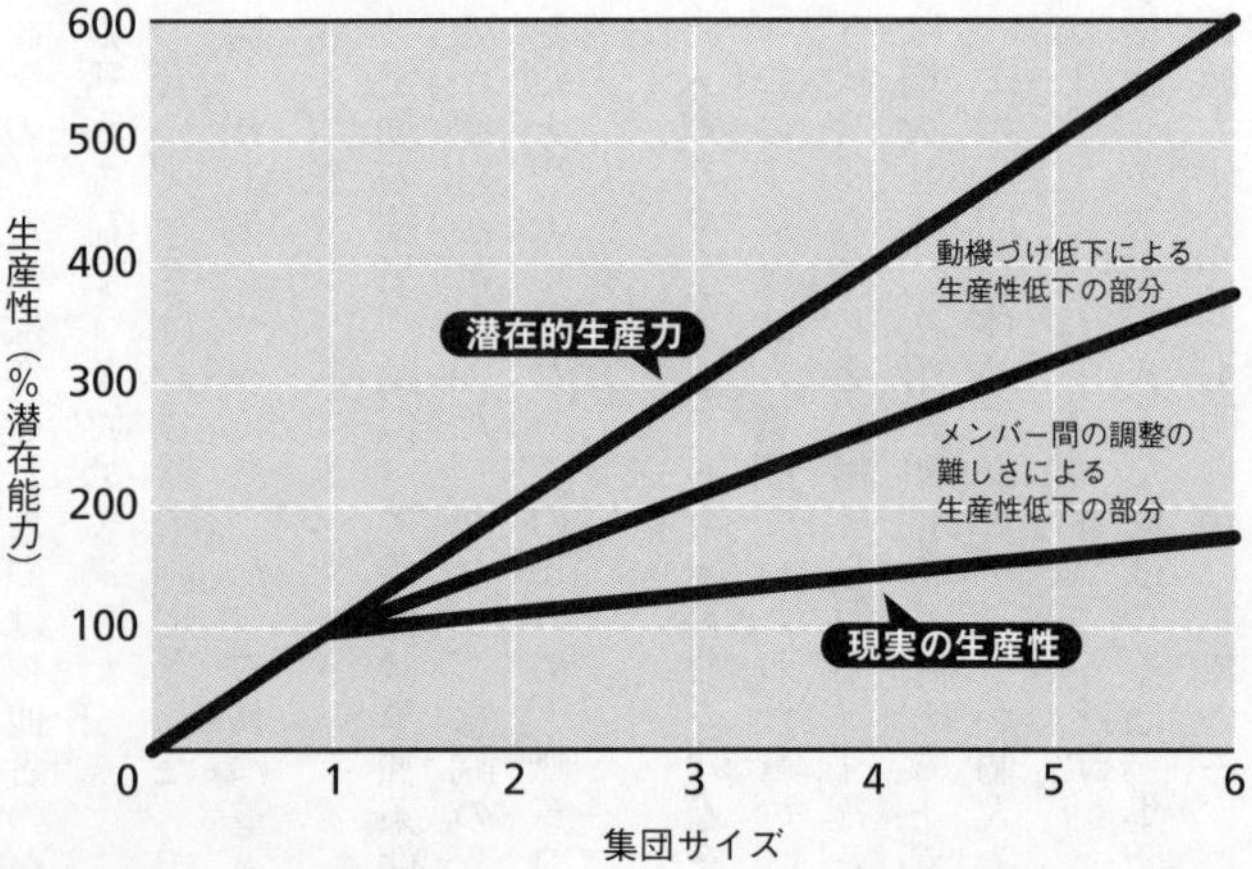

図1-1
リンゲルマン効果の原因(Latané, Williams, & Harkins, 1979)

リンゲルマン効果は、動機づけの低下のみならず、調整の難しさによる生産性低下にも起因している。綱引きの例を挙げれば、多数の参加者のタイミングのずれが生じることがそれである。図1－1は、リンゲルマン効果を図示したものである。この図が示しているように、現実には、動機づけの低下と調整の難しさの2要因が、集団生産性の低下を引き起こしている可能性がある。

動機づけ低下による社会的手抜きの影響のみの効果を検証するためには、調整困難性の影響を取り除く必要がある。そのため先述したような、相手と調整する必要のない大声を出すという実験が実施され、その結果、動機づけの低下、すなわち社会的手抜きの単独効果によるパフォーマンスの低下が明らかになったのである。そしてそのような実験手法を用いて集団サイズの効果を検討した結果、他者が1人いると思い込んだ場合のパフォーマンス量は個人単独の場合の82％となり、5人の他者がいると思った場合には74％となったのである。(3)

手抜きが生じる課題の種類と特徴

それでは、このような社会的手抜きはどのような課題で生じやすいのであろうか。チアリーダーの発声も綱引きも、多数の人が力を合わせる課題である。また個々人の力は集団全体の中に埋もれてしまってはっきりしない課題でもある。しかし、集団の課題はこのようなものばかりではない。社会的手抜きが生じやすい課題の特徴を明確にするためには、課題の性質について整理する必要がある。

この点について考察したのが米国のスタイナーである。(4) 彼は課題を3つの次元から分類した。

分割できるか、分割不可能か

第1は課題の構造に関連した次元であり、課題が分割できるか、分割不可能かという次元である。

家を建てる場合、大工、左官、配管工事担当者、電気設備工事担当者、庭師などさまざまな人が別々の仕事を担当する。オーケストラも楽団員は別々の楽器を担当している。このように仕事を1つ1つ別々の個人に割り当てることができる課題は分割可能課題である。

それに対して、1人の画家が1つの絵を描いたり、俳優が1つの役を演じるような場合は分割不可能課題である。

質か、量か

第2は生産物の性質に関するもので、質が問われる課題か、量が問われる課題かの次元である。

ある課題では生産量がパフォーマンスの指標となり、その最大化が目指される。量が問われる課題の場合、外的基準は明確な場合が多い。量の大小はわかりやすく判断に迷うことは少ない。ブレーン・ストーミングの場でたくさんのアイディアを出す課題や売上高を競うような課題ではその量の多寡は一目瞭然《いちもくりょうぜん》である。

それに対して質が問われる課題は明確な外的基準がないことが多い。記述式問題の解答やフィギュア・スケートのパフォーマンスの採点をする場合、判断のルールは定められてはいるが、結局は採点者の主観的印象に基づいて行われる。

個人の貢献と集団の成果との関係

第3は、個人の貢献が集団全体の成果にどのように結合するのかに関する次元である。

結合のタイプから課題を分類した場合、加算的課題、補正的課題、分離的課題、結合的課題、任意的課題となる。以下に、それぞれの課題についてくわしく説明しよう。

(1)加算的課題

この課題は、メンバー間で分割することが不可能で、かつ生産量の最大化が要求されるものである。たとえば、綱引きやブレーン・ストーミングといったものである。それから皆で協力して重いものを動かすといった課題もある。『読売新聞』２０１３年7月22日夕刊に次のような記事があった。

JR南浦和《みなみうらわ》駅で女性乗客がホームと車両の間に落ち、腰のあたりを挟まれた。車内やホームにいた乗客や駅員ら約40人が協力して車両（重量32トン）を押し、隙間《すきま》を広げて女性を救出。女性は病院に運ばれたが、目立ったけがはないという。事故当時、ホームで「人が挟まれています」というアナウンスが流れ、乗客らが自主的に降車。車両を押していた駅員を手伝った。女性は作業から数分で救出され、乗客らから拍手が起きた。

このニュースは全世界に配信され、日本人の美徳として評判になったそうである。このような課題では、一般に集団全体の力はひとりひとりの力を上回るが、個人がどのくらい力をいれているかがわからないために、場合によっては社会的手抜きが生じることもある。

(2)補正的課題

この課題は、ひとりひとりの判断や解答の平均をとり、それを集団の回答とするような類《たぐい》のものである。この形式の課題は、スキーのジャンプや体操などの運動競技の採点にさいしても用いられている。現在、オリンピックの体操競技は9名の審判が採点に参加している。そのうちの2名は7段階（0・1〜0・7）で演技の難しさ（Dスコア）を評価する。そして、他の7名のうち5名は演技の完成度を評価し、10点満点から減点を引いた点数を出す。その際、最高点と最低点が除外され、残りの3名のスコアの平均点が（Eスコア）算出される。そして、残りの2名の評定値の平均も算出され、Eスコアと比較される。その差が基準内であればそのままEスコアが採用され、基準外であれば、先のEスコアと、この2名の評価が加味されて最終的なEスコアとなる。そして最後にDスコアとEスコアが加算されて演技の得点となる。

量に関して判断する場合、複数の人の判断の平均値をとることが優れていることは多くの研究や事例によって確証されている。(5) 事例としては、たとえば、英国の家畜見本市で牛の体重を当てるコンテストが1906年に開催され、それに一般人800人が参加したことがあったそうである。参加者が予測した体重の平均値は1197ポンドであり、実際の体重1198ポンドと1ポンドしか違わず、専門家より優れていたということである。

(3)分離的課題

この課題は、全体で1つの結論を出すことが要求されるものである。裁判や会議、複数のメンバーが相談して回答するクイズ番組などが分離的課題である。この課題では集団の中で最も優れた成員の能力いかんによって集団の成果が決定される可能性が高い。ただし、集団の他の成員が、能力が高い成員の主張を理解できず、集団に受け入れられないために集団として最善の結論を導き出せないこともありうる。

次に紹介する課題は、そのような課題の例である。

A、B、Cの3人の解答者全員が赤い帽子をかぶっている場面を考える。問題はこの3人が、自分がかぶっている帽子の色を当てることである。出題者はこの3人に対して「あなた方は、赤い帽子か白い帽子のいずれかをかぶっている。もし他の人（1人でも2人でもかまわない）の帽子の色が赤であれば、手をあげて下さい。ただしその人を指さしてはいけない」との教示を与える。そこで、この3人は全員が手をあげることになる。それから出題者は「これから自分がかぶっている帽子の色が何色か、考えて下さい」と教示する。しかし、しばらくしても解答者は正解を述べることができないのである。この解答者の2つの動作（他者の帽子を見て手をあげた、しかし全員が解答できない）にヒントがあることを出題者は強調することになる。しばらくすると、1人（たとえば解答者A）が自分の帽子は赤であるとの解答をした。

なぜわかったのであろうか。ここでは1つの仮説を立て、その仮説に従って考えた場合、他者がどのように行動するかを考える。たとえばAが自分の帽子は白であるとの仮説を立てたとする。そうすれば他者Bは、AとCの両方の帽子を見て、Cの赤い帽子により手をあげるはずである。同様に、他者CはAとBの帽子を見て、Bの赤い帽子により手をあげるはずである。そして、Bは「Cは自分の赤い帽子を見て手をあげた（Aは白い帽子なので）」ことをすぐに理解して、それを皆の前で公表するはずである。Cも同様な理由で、すぐに解答できるはずである。しかし、現実にはBもCもそのような反応を示さない。そこで、Aはここで立てた仮説を棄却して、自分は赤の帽子をかぶっているとの「対立仮説」を採用するのである。ここでは他者の動作が証明の手がかりになっている。

このような問題の場合、正解の説明がわかりにくく、正しい解答にたどりついた人がいたとしても、それが集団の回答として採用されないことも考えられる。

これまでの研究により、集団の中で最も優秀な人の解答のほうが話し合いによる解答より優れている傾向があることが明らかにされている。ただし、あまり優秀ではない人が正解に気づき、それを優秀な人にうまく伝えることができた場合には、集団の成果が優秀な人の成果に勝ることもある(6)。

(4) 結合的課題

この課題は、前述の分離的課題とは逆に集団の中で最も劣っている成員の能力いかんによって集団の成果が決定されるものである。護送船団や集団による登山は性能が低い船、体力が劣っている者に周りが配慮せざるをえない。このような課題の場合は、能力が低い者を周りの者が助けたり、やさしい軽い課題を与えたりすることにより、集団のパフォーマンス低下をある程度防ぐことができる。

(5) 任意的課題

この課題は、先述した課題のように形式が決まっているわけではなく、状況によって集団が課題形式を自由に選択できるものである。たとえば、前述のように牛の体重を予測する状況では、多くの人の平均値を用いる方法もあるが、それではうまくいかなかった場合、専門家の判断に従うこともありうる。すなわち状況に応じてメンバーの役割や仕事の範囲、集団決定の方法を柔軟に変えるものである。

社会的手抜きが発生する課題の種類

このように、社会的手抜きと関連する課題にはさまざまな分類がある。

これまで行われてきた社会的手抜きの研究で使用されてきた課題もさまざまである。たとえば肉体的力が要求される運動課題（綱引き、大声を出す、空気入れ）や認知的課題（エッセイの評価、ブレーン・ストーミング、単純計算）のみならず、折り紙作成や資料整理などもある。このような課題の1つ1つは個人で行うことが可能であるが、社会的手抜きを発生させる実験条件では、集団全員が同時に作業を行い、個人の作業量が特定できないような状況（分割不可能）を設定している。また、成果は質ではなく量で量られている。つまり社会的手抜き課題で共通している特徴は分割不可能で最大化つまり加算的課題である。

それでは、その他の課題では社会的手抜きは生じないのであろうか。分離的課題の場合は集団の中の優秀な人物によって結果が決まるために、その他大勢が手抜きをしていても問題が生じない場合もある。ただしフリーライダー（ただ乗り）が生じる可能性があり、それが優秀な人物の動機づけを低下させることもありえる。結合的課題の場合は能力が低いメンバーによって集団全体の結果が決まるために、手抜きは生じにくいと考えられる。場合によっては能力が高いメンバーが無能な人物の仕事をカバーすることもあり、かえって集団全体の成果が高まる場合があるかもしれない。これを社会的補償という。このような現象については第7章で取り上げる。

2　集団のサイズ

人数と手抜きの関係

図1－1に示されているように、加算的課題では集団サイズが増大するほど、1人当たりの

パフォーマンスが低下し、集団の生産性が次第に頭打ちになることが考えられる。それでは一般的に社会的手抜きは、どのような規模の集団で発生しやすくなるのか、もう少しくわしく見てみよう。

集団サイズとパフォーマンスの関係についての理論の1つが、米国のラタネが提唱した社会的インパクト理論である[7]。ラタネによれば、受容者が受ける影響の強さ（インパクト）は、監督者、上司、視聴者などの影響を与える人（供与者）の**強度**（地位や社会的勢力等）、受容者と供与者の空間的、時間的な**接近度**、**供与者数**の3要素をかけ合わせたものになる。強度、接近度、供与者数がそれぞれ大きければ大きいほど、受容者の受ける影響は強くなるというわけである。

いっぽう、受容者の数と影響の強さの関係は、ラタネによれば、受容者が多くなれば受容者間に影響力が拡散して、1人当たりの影響量が小さくなってしまうという。

ベキ指数によるモデル

この影響量拡散のモデルのもとになったものが、物理刺激の強度と人間が感じる主観的強度の関連を表した精神物理学モデルである。一般に人間が感じる刺激の主観的強度は物理的強度と比例しない。物理量が増大しても音の大きさや明るさ、臭《にお》いなどは次第に頭打ちになる。いっぽうで、痛覚、とくに電気ショックは物理量が増大すると、主観的感覚量が加速度的に大きくなることがわかっている。この関数関係について表したものがベキ法則であり、左記の式で表される。

$S = aN^b$（S：感覚の大きさ、a：定数〔刺激によって異なる〕、N：刺激の物理量、b：ベキ指数）

ベキ指数が1であれば、物理量と感覚強度が比例する。たとえば物理量が2倍になれば感覚の大きさも2倍になる。音や臭いはベキ指数が1以下の感覚である。たとえば、ベキ指数が0・5だとすると、物理量が2倍になっても感覚の大きさは1・4倍にとどまる。

人数が増えれば増えるほど伸び悩むようになる

本書冒頭で紹介したリンゲルマンによる綱引き等の実験データを、集団全体の生産性をSとし、集団サイズをNとしてこのモデルに当てはめれば、ベキ指数は0・56となる。これは集団サイズが増大しても全体の生産量は伸び悩むことを意味する。

これまで行われてきた、集団サイズと生産性に関する実験や調査結果の多くは、曲線の細かな形状や縦軸の単位は研究によって異なるものの、全体の形状は図1－2のようになっている。ちなみに集団サイズと同調（他者の行動や態度に自分を合わせる現象）の程度についても、同様な関数関係が見られる。すなわち、このようなベキ法則はさまざまな社会的行動について、あ

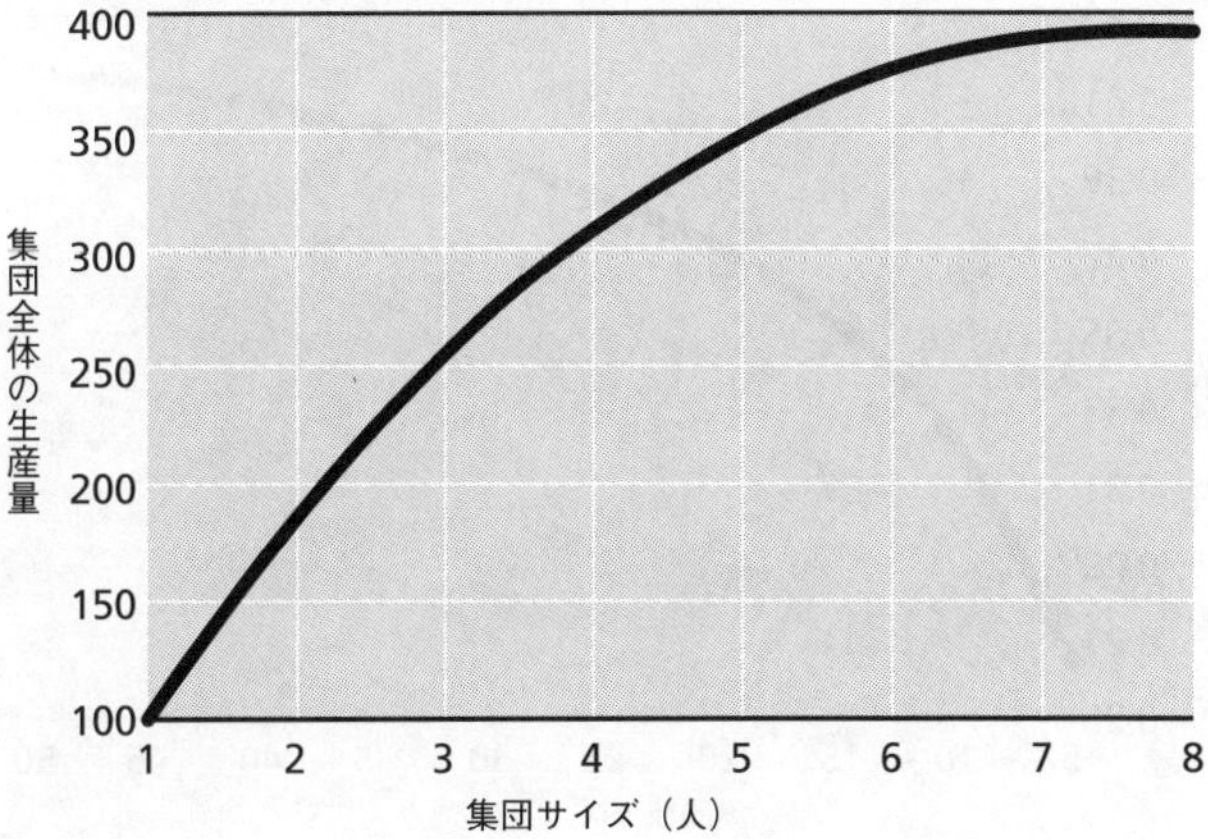

図1-2
集団サイズと集団の生産性（リンゲルマンのデータ）

る程度普遍的に当てはまるようである。

確率論によるモデル

確率論的観点からも、集団のサイズによってネガティブな影響がどのように変化するかを予測することができる。集団サイズにかかわらず手抜きする人の割合が一定であったとしても、サイズが増大すれば、一定の条件下では、全体の生産性は低下するのである。たとえば、5人のうち1人が手抜きをしても大丈夫であるが（許容度5分の1と定義する）、2人が手抜きすれば集団全体が課題達成に失敗してしまうような状況があるとする。同じ比率であれば10人集団の場合、2人が手抜きすることはかまわないが、それ以上になれば失敗することになる。直感的には手抜きする人の割合が同じであれば、どのような集団サ

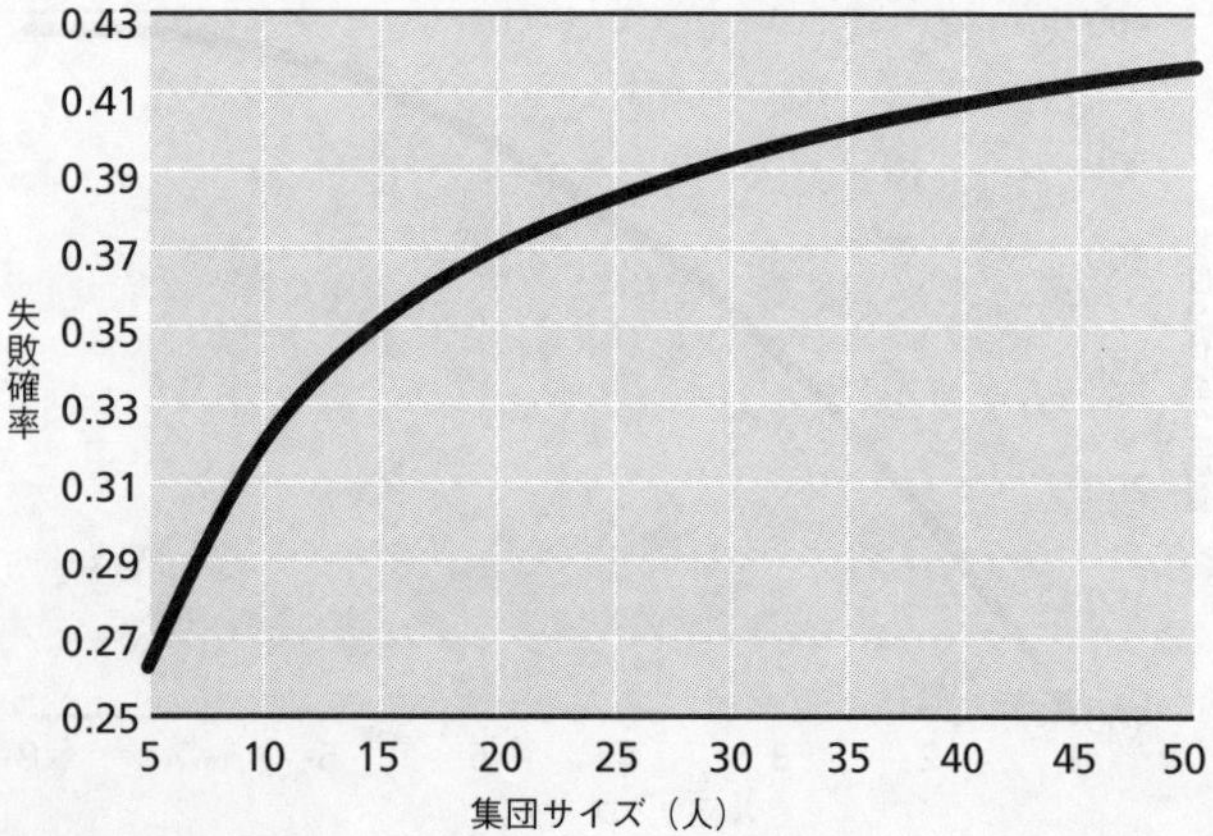

図1-3

集団が課題達成に失敗する確率（許容度が低く、かつ手抜き発生確率1/5の場合）

イズでも同じ確率で集団全体が失敗するように思えるが、確率論的にはそうはならない。図1－3は許容度5分の1の場合の失敗確率を計算して示したものである。ここでは社会的手抜きをする人の出現確率も5分の1とする。

この図に示されているように、社会的手抜きをする人の発生確率が一定であったとしても、集団サイズが増大すれば、集団は課題達成に失敗する可能性が高くなる。5人の集団では、そのうちの1人が手抜きをしても課題が失敗する確率は26％ほどだが、30人の集団で6人が手抜きをすると失敗する確率は40％近くまで上昇してしまうのである。

ただし、社会的手抜きをする人の発生確率が低い場合（たとえば、許容度5分の1の条件下で手抜きする人の出現確率が10分の1のケース）は、集団サイズが増大するほど、失敗確率は低下する。集団サイズの増大と失敗確率の関係を決定するものは、手抜きをする人の出現確率と集団の許容度である。

余裕のない大集団の問題

要するに余裕のない集団が大集団になれば、手抜きの悪影響は大きくなる。社会的手抜きに対して脆弱《ぜいじゃく》でかつ大きな集団ほど社会的手抜きのネガティブな影響が大きくなる。いっぽうで、手抜きに対する許容度が高い集団の場合は集団サイズが大きいほど、社会的手抜きの影響を受けにくい。心理的な要因の影響がなくても、このように、集団に悪循環や好循環が現れることが考えられる。

現実には、この確率的な要因と心理的要因の相乗効果が働いているものと思われる。社会的手抜きに対する許容度が低下した大集団ほど衰退の速度が速いことが、先述したような単純なモデルから示唆される。ゆえに、社会的手抜きに対する集団の許容度が低下しはじめたと感じられた場合には、集団を分割してサイズを小さくするほうがよいであろう。組織サイズのスリム化は余裕のない組織ほど必要性が高いものと考えられる。

3 社会的手抜きはなぜ発生するか――心理的・生理的要因と環境要因

個人の努力が評価できない場合

次に、手抜きが発生する要因として、どのようなものがあるか考えてみたい。社会的手抜きを発生させる要因としては、外的条件（環境要因）と内的条件（心理的・生理的要因）の2つが考えられる[8]。

第1の外的条件として「評価可能性」がある。綱引きや応援団の発声は全体のパフォーマンスはわかるが、個々人の集団に対する貢献度はほとんどわからない。個人を評価できないのである。評価可能性とは、集団に対する貢献度が自分自身だけでなく他者にもわかり、評価される可能性のことである。そのため、評価可能性が低ければ社会的手抜きが発生すると考えられる。

個人の努力が評価できない条件で社会的手抜きが生じることを明らかにした実験は、数多く実施されている。たとえば単純加算課題であるクレペリン検査（横1列に並んでいる、印刷された1桁《けた》の数の隣り合った数どうしの和を、その数値の間に書き込むことを連続して行う課題）を用いた実験が行われている[9]。ここでは被験者の動機づけを高めるために、大学生の数的処理能力を測定する課題と称し「本課題は著名な知能検査とも高い相関があることがわかっている」との説明を行った。被験者は大阪大学の学生であり、能力評価に敏感であろうという予想のもとに実験が行われた。実験条件は個人の努力が評価されない集合条件と、評価されることが予期される共行動条件（同じ課題を別々に独立して行うテストのような状況）の2種類であった。前者では「個人の成績は加算され、集団ごとに平均を出して比較します。また、無記名で行ってもらいますので、個人の成績は誰《だれ》にも全くわかりません。全試行終了後に、全員の解答用紙を回収し、混ぜて1つの箱に入れます」との教示を行った。いっぽう、後者では「この課題の成績は個人のものとして扱われます。全試行終了後に隣の席の人と解答用紙を交換して、お互いの課題の採点を行っていただきます。その後に、全員の解答用紙を回収します」との教示を行った。

また被験者2人で折り紙の「やっこ」を作る課題を用いた実験もある。[10] 共行動条件ではテーブルの上に2つの箱が置かれ、それぞれの被験者は自分に割り当てられた箱に作った折り紙を入れた。集合条件では1つの箱しか置かれておらず、それに2人の折り紙を入れるようにして、誰がどれだけ作ったかわからないようにしている。そして「この実験ではひとりひとりがどれくらい折り紙を作るか調べるのではなく、2人合わせて作った折り紙の数を調べます。2人でできるだけたくさん折り紙を作るようにして下さい」との教示を行っている。

このように社会的手抜きの実験では、一般に集合条件と共行動条件を設定し、その条件差を見ることによって手抜きが発生したか否かを確認するといった手続きを用いることが多い。あるいは先に述べた大声実験のように、1人で課題を遂行する単独条件と他者と一緒に遂行する集合条件を設定し、前者の結果と後者の結果の差を社会的手抜きの量とするというような実験もある。

ちなみにクレペリン検査を用いた実験の結果では、社会的手抜き現象は全体的にあまり見られず、やっこ作りの実験ではそれが認められた。前者のケースでは被験者の動機づけが強すぎて実験操作が効きにくかったと考えられ、いっぽう後者の場合は動機づけが強くないために手抜きの発生をとらえることができたものと思われる。実験課題と実験操作の微妙な組み合わせが実験結果を左右するのである。

努力の必要がない場合

第2の外的条件は、「努力の不要性」である。他の人たちが優秀であるために、自分の努力が集団全体の結果にほとんど影響せず、しかも他の人たちと同等の報酬を得ることができれば、一生懸命仕事をする必要はない。場合によっては自分の努力が他者の仕事のじゃまをする可能性もある。このような場合は、フリーライダーとなって楽をするに限るのである。

他者に同調する場合

第3の外的条件は、「手抜きの同調」である。前記とは逆に、他者があまり努力をしていなければ、自分だけ努力をすることが馬鹿らしいことになる。「正直者が馬鹿を見る」という言葉があるが、これはまさにこのような現象を指している。

また、場合によっては良い成績をあげることにより仲間はずれにされることもある。ある織物工場の従業員を観察した研究がある。(11) この工場のある作業集団では強い仲間意識があり、かつ全体的な生産性が低く、全員が怠けているような状態であった。ある従業員がこの集団に加入して仕事をするようになったが、そのうちに平均以上の作業成績を示すようになった。その結果、間もなくその従業員は集団から排斥されそうになったので、生産性を他者と同じレベルに落としてしまった。その後、その集団は配置転換のために解体され、その従業員だけが残ることになった。そうしたところ、その従業員の生産量は急上昇し以前の水準の2倍近くになったということである。このように集団には生産量に関する暗黙の規範が形成され、それがいったん形成されれば成員の行動を規定してしまうことが考えられる。

集団規範とパフォーマンスの関係を明らかにするため、中学生3名の集団を用いた実験がある。(12) 課題は色紙を細長く切って鎖状につないでいくものであった。実験の前半で監督者が「もっと速く作って下さい。遅いですよ。遊ばないで下さい。無駄が多いようですね。意外に少ないな」などの生産促進的圧力を加える条件と、「本部に用がある」との口実をもうけて退出してしまう圧力なし条件が設定された。それに加えて、実験の前半では圧力をかけず、後半のみで圧力をかける条件なども設定された。実験の結果、集団形成の初期に生産促進的圧力が加えられることによって、高い生産水準規範が形成された場合、監督者が退出しても高水準の規範が維持された。いっぽう、初期に規範水準が低い場合は、後半で監督者による圧力が加えられても、規範水準は低いままであった。このことから、いったん集団の中で社会的手抜きが発生すれば、場合によってはそれが暗黙の集団規範となり、その影響が長期間残ってしまうことが考えられる。そして、そのような状態になれば、集団を解体しない限り、回復させるのはかなり困難であるかもしれない。

緊張感の低下

内的条件としては、第1に他者の存在による緊張感の低下が挙げられる。緊張感の低下が場合によっては動機づけの低下に結びつき、パフォーマンスの低下となって現れる。

心理学関係の学会の場合、学会発表の形式として口頭発表とポスター発表がある。たいていの口頭発表は1人当たり12分間の発表時間があり、その後3分間質疑応答をする。その間、発表者は1人で多数（多数でない場合もあるが）の聴衆の注目を浴びることになる。いっぽうポスター発表の場合、広い会場の中に多数のポスターが掲示され、参加者はそれを自由に見て回る。発表者はポスターの傍らで参加者の求めに応じて解説する。発表者は多数の中の単なる1人になってしまう。このことが発表者の準備にかける時間や動機づけに影響を与えていることは想像に難くない。筆者の場合、口頭発表では緊張のあまり頭の中が真っ白になることもあるが、ポスター発表ではそのようなことはない。

他者の存在によって緊張感（あがりの程度）がどのくらい低下するかを明らかにするために、他者の前でスピーチをする実験がある。[13] スピーチは5人の順番で行うものとして、被験者は1番、3番、5番のいずれかに割り当てられた。また、1人でスピーチする単独条件も設けた。被験者とサクラには次のような教示が与えられた。「大学生の総合的能力を見るための実験を行っています。今回の実験では考え方と表現能力を見るために、スピーチをしてもらって、その評価を行います。スピーチの様子はカメラで撮影して、それを心理学の先生2人が観察しています」。その後、被験者には2人の心理学担当教授がモニターを見て評定しているような動画を提示した。それから被験者は3分間スピーチを行ったあとで、被験者は「心臓がドキドキしている」、「胃に緊張を感じる」のような評定項目に回答した。

実験の結果、単独条件のほうが5人が参加する集団条件よりあがりの程度が高いことが示された。また、集団条件におけるあがりの程度は1番と5番が高く3番が最も低かった。つまり、真ん中の目立たないところが、あがりの程度が低くなったのである。他者の存在が緊張感に影響することが実験によって確認された。

注意の拡散

第2は注意の拡散である。他者と一緒に同じような仕事をしていると自分に注意が向かなくなり、そのために自己意識が低下して達成すべき目標値なども意識しなくなる。その結果、パフォーマンスが低下する可能性がある。たとえば前述した学会でのポスター発表では緊張感が低下するだけではなく、他の発表者や会場のざわめきに気を取られ、質問者に対する説明がおろそかになることがある。

しかしいっぽうでは、逆に他者の存在によって自己意識が高まる場合もある。たとえば、聴衆の前でスピーチをするような場面で「あがる」のは人から見られているということを過剰に意識し、自己意識が高まることに起因している。またそのような状態は自分の姿を鏡で見たり、カメラで撮影されたり、録音された自分の声を聴くような場面などでも起こりうる。カメラの前で妙に顔がこわばったり、意に反して目を閉じたりするのはこのためである。

このように自己意識が高まった場面で人が何らかの作業を行った場合、現実の作業水準と、「ここまではできるはずだ」という理想水準のズレに気づきやすくなり、そのズレを埋めるためにパフォーマンスが高まるという見解もある。(14)

これを証明するために次のような実験が行われた。米国人の被験者にドイツ語の文章を筆記させたのであるが、この作業中に被験者の前に鏡が置かれていて自分の姿が見える条件と、鏡がなく自分の姿が見えない条件が設定された。実験の結果、鏡がある条件では作業水準が上昇することが明らかになった。逆に鏡がない条件では作業水準は低いままであった。これは、鏡を見ることで自分自身に注意を向けた状態となり、それがパフォーマンスを高めると考えられ

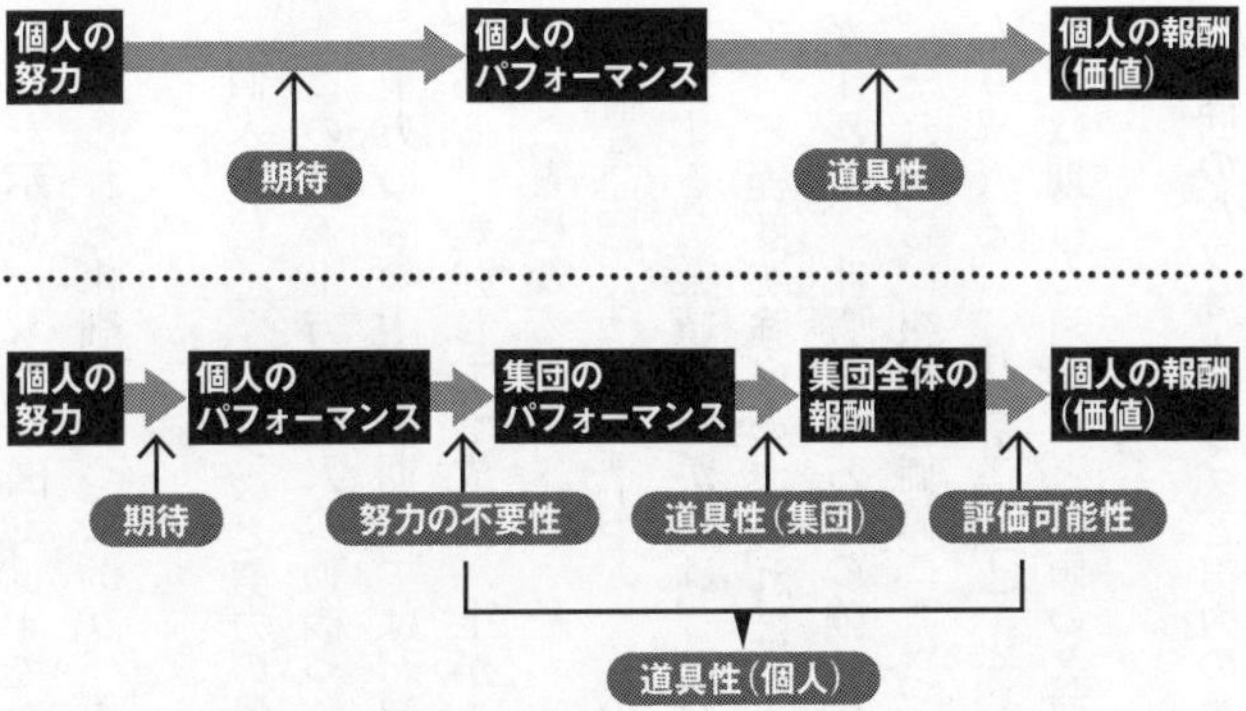

図1-4
社会的手抜き発生のプロセスモデル(Nijstad, 2009)

た。

社会的手抜きが発生する状況では、同じような作業をしている他者（この場合の他者は自分に注目していない）の存在によって、自分自身に注意が向いていない状態になっており、そのために自己意識が低下し、同時にパフォーマンスも低下するというメカニズムが働いていると考えられるのである。

4　発生プロセスに関する理論

社会的手抜きに影響する4要因

前記の外的・内的条件はすべて動機づけの低下に関連したものである。そして内的条件は、外的条件の結果として発生すると考えられる。それでは、このような条件、とくに外的条件がどのように連結して社会的手抜きにつながるのだろうか。

それを示したものが図1－4である。[15]この図には個人や集団のパフォーマンスと、それによって得られる報酬とのつながり、そして、その連結部分に影響する要因が示されている。

個人のパフォーマンスと努力の量

この図の上方は個人の動機づけに関連したモデルであり、下方が集団に関するモデルである。

上方の図の中の「期待」は、個人の努力が個人のパフォーマンス向上につながることとの予期である。勉強しても成績が上がることを予期できなければ「期待」は低くなり、自己有能感も低いことになる。

「道具性」はパフォーマンスが何らかの報酬や罰に結びつくと思っている度合い（信念）を意味する。業績が上がれば、給料が増えたり、賞賛されたり、名誉を得ることができると思っている程度が強いのであれば、「道具性」が高いことになる。また、逆に業績が悪ければ給料が下がり、叱責《しっせき》されるとの強い信念を持っている場合も「道具性」が高い。

それから「報酬（価値）」についてであるが、同じ報酬でも人によってその主観的価値はかなり異なる。「花より団子」という言葉はこれを表したものであろう。要するに、個人の動機づけは期待と道具性と価値の3要素が高い場合に高くなるのである。

集団のパフォーマンスと努力の量

個人の場合のモデルはこのように単純なものであるが、集団になれば少し複雑になる。個人の報酬は自分のパフォーマンスだけではなく、他者のパフォーマンスにも左右される。また報酬は他者と分けなければならない。そのために、個人のパフォーマンスと個人の報酬は直接つながっているのではなく、その間に集団のパフォーマンスと集団の報酬が入ることになる。

個人のパフォーマンスと集団のパフォーマンスの連結部分には、「努力の不要性」が影響する。個人のパフォーマンスが集団の業績にほとんど貢献しなければ、個人の努力は意味がない。集団成員の中に有能でやる気満々の人が多数いる場合は、努力する必要性を感じないであろう。そのような場合にはフリーライダーが発生しやすくなる。

集団のパフォーマンスと集団全体の報酬の連結部分には、「集団の道具性」が影響する。すなわち、集団のパフォーマンスが上昇しても、集団全体がよくなると思えなければ、手抜きをしがちになるであろう。すなわち、集団のパフォーマンスが集団全体の報酬を高め、それにより集団成員も報われると思われなければ、努力は意味がないことになる。２００８年度のプロ野球各球団の年俸総額と２００５〜２００８年の４年間の平均順位の関係について調べたデータによれば、セ・リーグの最高額は阪神の35億３４１０万円で最低額は広島の14億２４６０万円であった。さらに４年間の平均順位は球団年俸総額の順位と完全に一致していた。いっぽうパ・リーグの最高額はソフトバンクの32億６９４０万円で最低額は楽天の16億１０１０万円であった。しかし４年間の平均順位は球団年俸総額の順位と一致しておらず、１位は日本ハム

（20億4940万）で4位がソフトバンクであった。阪神とソフトバンクの年俸総額が高いのは著名選手の存在の影響であろうが、集団の道具性の観点から見ればパ・リーグはそれが低いことになる。著名選手の年俸が球団年俸総額の大部分を占めるようになれば、相対的に集団の道具性が低下し、集団全体の動機づけを低下させることも考えられる。その意味では著名選手が大リーグに移籍するのは球団にとって、全体の動機づけを維持するうえで好都合であるとも考えられる。

また、国家経済の問題も集団の道具性と関連しているかもしれない。たとえば、米国のGDP（国内総生産）と国民1人当たりの年収（中央値）の伸びは1980年ごろまでほとんど一致していた。[16] ところがそれ以降は両者が次第に乖離《かいり》し、GDPは一貫して伸びているにもかかわらず、大多数の国民の年収はあまり上昇していない。「われわれが頑張れば国全体が豊かになり、国が豊かになれば、多数の国民が豊かになり、多数の国民が豊かになれば、自分もその中の1人として豊かになるであろう」という期待を一般の米国国民が持ちえなくなっている可能性がある。これは格差が拡大していることを意味する。事実、米国では所得上位1％の高額所得者の全国民の所得総額に占める割合は1983年ごろまでは8％ほどで安定していた。ところが、減税と規制緩和、福祉予算の削減などの政策が行われたレーガン政権の時代から、その割合が急激に増加し2000年前後には16％前後になっている。[17] わが国でも、企業の経常利益は増大しているにもかかわらず、給与は減少しているといわれている。このような傾向は集団の道具性を低下させ、それが多数の成員の動機づけを低下させることが考えられる。

次に集団全体の報酬と個人の報酬との連結部分には、「評価可能性」が影響する。これについては外的条件の1つとしてすでに述べている。集団全体の報酬が多くても、個人の貢献がわからない場合、個人の報酬が低いままとなる可能性もある。そのために動機づけも高まらないかもしれない。

監視すればよいのか

図1－4のモデルは、人間の合理性を前提とした功利主義的モデルである。努力やパフォーマンスは報酬を得るための道具であるとみなされる。このモデルに従えば、社会的手抜きを防ぐための最も効果的な方法は精密に精確に個人個人を監視することである。

しかし、そのようなシステムを人々は欲するだろうか。「人はパンのみにて生きるにあらず」という聖書の言葉がある。もし報酬の価値が高い場合、監視しなくても動機づけは維持されるであろう。先述したように、「学習能力」という言葉に敏感な大学生は、評価されようがされまいが、課題に真面目《まじめ》に取り組む可能性がある。あるいはカリスマ的リーダーが集団の崇高な目標を掲げていて、成員がそれに心から同意していれば、個人的報酬は二の次にして、集団に貢献すべく努力するかもしれない。社会的手抜きを防ぐヒントはこのようなところにあるのかもしれない。これについては第8章で詳述する。

5　他者の努力や怠けの評価についてのモデル

三年寝太郎

怠け者を主人公にした物語は数多くある。山口県山陽小野田市《さんようおのだ》には「三年寝太郎」という昔話と関連している寝太郎町がある。ここでは駅前に寝太郎の像があり、毎年寝太郎祭りが行われ、寝太郎踊りや寝太郎太鼓も披露され、パレードも行われている。寝太郎は地元の偉人である。寝太郎の物語は、「寝てばかりいる怠け者であり、周囲のひんしゅくを買っていた寝太郎が、ある日突然起きだして、佐渡《さど》へ行き、鉱山人夫が履いた使い古しのわらじを持ち帰り、わらじに付いた金を取り出して、故郷に貢献した」というものである。

怠け者が愛される物語は多数あり、映画「男はつらいよ」のフーテンの寅《とら》さんも「釣りバカ日誌」のハマちゃんも基本的には怠け者である。

他者の「怠け」は、とくにそれによって当人が利益を得た場合（たとえば、生活保護費の不正受給の発覚）のように、いっぽうでは義憤を沸騰させ、いっぽうでは寅さんのように好意的評価を受けることもある。同様に「刻苦勉励」「勤勉」「努力一筋」は賞賛の対象となることが多いが、逆に「勤勉なバカほど、はた迷惑なものはない」といわれるように、蔑《さげす》みの対象となることもある。

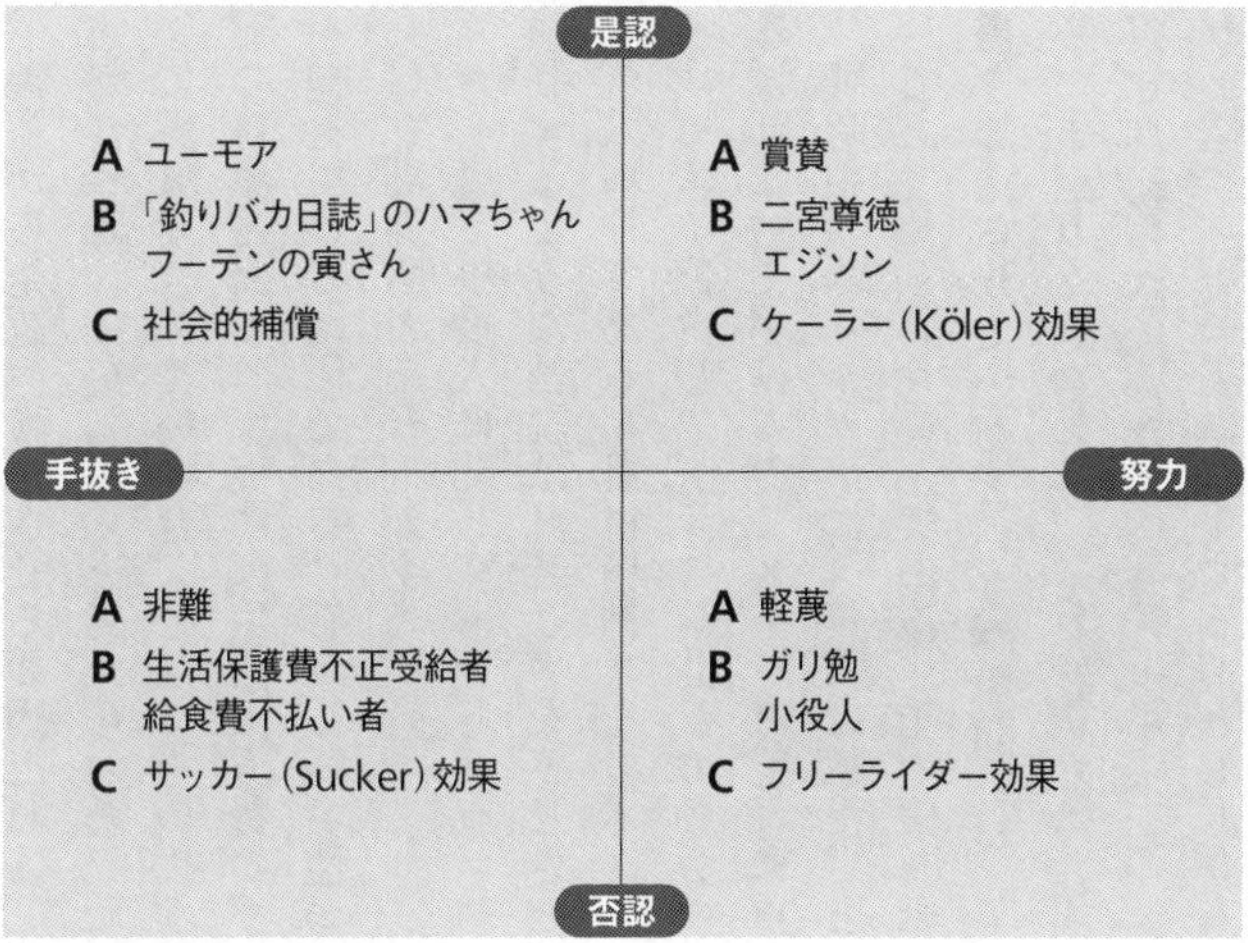

図1-5
他者の努力や怠けの評価モデル

怠け者はどう評価されるか

このように他者の努力や怠けの評価は一様ではない。そこで筆者は図1－5のような「努力」と「手抜き」、「是認」と「否認」の2軸からなるモデルを作成した。努力が是認されれば「賞賛」の対象となり、ここにはたとえばエジソンや二《にの》宮《みや》金《きん》次《じ》郎《ろう》(尊徳《そんとく》)、松下《まつした》幸《こう》之《の》助《すけ》が位置する。それに対して努力が否認されれば「軽《けい》蔑《べつ》」の対象となり、ガリ勉や小役人が考えられる。また手抜きに否認が伴えば「非難」の対象となり、たとえば生活保護費の不正受給者や給食費の不払い者が位置する。それに対して手抜きが是認される場合には「ユーモア」となり、ハマちゃんや寅さんが位置する。

否認から是認へ転換させる要因として、匿名性、個人的な人間関係、期待値と現実のズレなどがかかわっているものと考えられる。たとえば、対象者が不特定多数で個性を持った個人として認識できにくい場合、そしてそのような人たちが手抜きをしていると認識された場合は非難の対象となる。現実には生活保護費の不正受給者や給食費不払い者もさまざまな個人的事情を抱えているはずである。しかし匿名性が高く、対象者と親密な関係がない場合、十把《じっぱ》ひとからげに非難される傾向がある。

ガリ勉や小役人に関しても同じメカニズムが働いていると考えられる。努力を奨励したり、強制するような言説は息苦しさを感じさせる場合がある。坂口安吾《さかぐちあんご》は『続堕落論』の中で耐乏、忍苦の精神である「農村精神」を「ボタン一つ押し、ハンドルを廻《まわ》すだけですむことを、一日中エイエイ苦労して、汗の結晶だの勤労のよろこびなどと、馬鹿げた話である」と皮肉っている。ガリ勉や小役人のイメージはそれに重なる。

戦時中のスローガンに「贅沢《ぜいたく》は敵だ」というものがあり、当時それを大書した張り紙が掲示してあったということである。その張り紙の「は」と「敵」の間に小さく「す」という言葉が書き加えられていたという話を聞いたことがある。また某予備校のスローガンに「努力は実る」というものがある。これが書かれた看板の余白部分に小さく「こともある」という言葉が書き加えられていたということである。このような言葉（努力の奨励を無にする）の付加により一挙にユーモアに転化することもありうる。

釣りバカのハマちゃんや寅さんにユーモアがあり是認されるのは、この2人が匿名の人物ではなく愛すべき面があり、また期待値が低いために怠け者としての現実とのズレが小さいためであろう。そして二宮尊徳やエジソンのような、努力によって名をなした人が是認されるのは当然である。

図中のAは対象者に対する感情や反応、Bは人物の例、Cはそのような対象者が集団の中にいた場合の知覚者のパフォーマンスや動機づけに与える影響の種類を記述したものである。ハマちゃんやフーテンの寅さんの周りには親切な人や世話をする人がいて、彼らの尻拭《しりぬぐ》いをしたりする。これが社会的補償である。

それに対して、生活保護費の不正受給者や給食費不払い者が身近にいた場合には、真面目に働いたり、普通に給食費を支払うことが馬鹿らしくなり、自分もそのようにしたいと思う人も出てくる可能性がある。すなわち他者から搾取されることを嫌い、そのために動機づけが低下することが考えられる。これをサッカー効果という。サッカー（sucker）とは搾取される人、だまされやすい人を意味する。

また周りにクソ真面目に働いている小役人のような人物がいる場合には、自分が働かなくてもそのような人物に仕事を任せて、楽ができると思い込む可能性もある。これをフリーライダー効果と呼ぶ。

それから二宮尊徳や松下幸之助のような尊敬すべき高い能力の人物が同じ集団の中にいる場

合、自分の能力の低さによって集団に迷惑をかけてしまうことも考えられる。そのために動機づけを高めて一生懸命働くことが考えられる。これをケーラー効果と呼ぶ。

集団のパフォーマンスや動機づけは、このように周りの人物や状況や課題によって影響を受ける。このような諸効果の具体例については後章で詳述する。

第2章　社会的手抜きと個人や集団の特質

本章では国民性や男女差、性格などによって、社会的手抜きがどのように異なるかについて述べる。

1　文化と社会的手抜き

個人主義と集団主義

SMAPの歌「世界に一つだけの花」（作詞・作曲、槇原敬之《まきはらのりゆき》）の中に「一人一人違う種を持つその花を咲かせることだけに一生懸命になればいい」「No.1にならなくてもいい。もともと特別な Only one」という歌詞がある。この歌詞は、「自分を他者とくらべない、唯一の存在である」とみなしている点で、個人主義を推奨しているようにも思われる。個人主義は「個人の独立性が基礎となる。個人は集団に従属せず、自立し、行動することも考えることも自由である。個人はユニークな存在であり、個人的利益や目標を達成する権利を有する」というのがその定義である。「No.1にならなくてもいい」という歌詞は、個人は集団に従属しないということを強調しているようである。このような歌が流行する背景には、わが国でも個性重視や個人主義の価値観が広く（深く？）浸透しているからかもしれない。

それに対して集団主義は「集団は、独立した個人の単なる集合ではない。相互に依存しあい、運命を共にしている人々により構成されている。人は常に周りの人に合わせ、順応していく必要がある。個人は集団なしには存在しえない。人は集団成員であることが第1で、個人としての存在は第2である」というように定義される。そして集団作業を行ったときにも、集団主義者は個人主義者にくらべて、個人的報酬よりも集団全体の報酬を重視し(1)、競争よりも協調を好み、人間関係に関心を持ち、場合によっては自己犠牲も厭《いと》わない(2)とされる。

欧米と東洋

一般的に欧米文化は個人主義で、日本や中国をはじめとする東洋文化は集団主義であるとみなされている。とくに欧米では男性のほうが個人主義的傾向が強いといわれている(3)。また、他者を非難する場合、欧米では個人をターゲットにする傾向が強いが、集団主義の文化では家族や集団を標的にすることが多いという研究もある(4)。ただし、集団主義の文化でも個人主義の文化でも4割の人はそうではなく、集団主義の文化の中で生活している個人主義の人は息苦しさを感じており、そこから出てしまいたいと思っている人も多いことを明らかにした研究もある。[5]先述したSMAPの歌はそのような人の気持ちにぴったり合うだろう。

いっぽうでは、そもそも個人主義、集団主義というのは西洋人研究者の認知バイアス（偏見や思い込み）であり、欧米と東洋の区別は見られないと主張する研究者もいる。[6][7]さらに、従来の日本人は集団主義的であったが、現代日本人の多くは西洋の価値体系を吸収して、次第に個人主義的なものになってきているとの主張もある。

このように、東洋は集団主義で西洋は個人主義という見方には異論もあるが、多くの研究はこの考え方に従っている。

東洋でも手抜きは見られるか

では、このような集団主義と個人主義、東洋と西洋の違いによって、社会的手抜きに差違は見られるのだろうか。社会的手抜きに、このような文化的要因が影響することを明らかにした研究は数多い。

個人主義の文化では、個人的利益の追求が動機づけの背景にあると考えられる。前章で述べた社会的手抜きのプロセスモデルに従えば、「評価可能性」や「道具性」がないような状況では、個人的利益が保証されないので、動機づけは低下するものと予想される。

いっぽう、集団主義の文化では集団全体の報酬が価値を持っているので、個人的な評価がなされなくても動機づけは低下しないばかりか、場合によっては集団全体に対する報酬のほうが動機づけを高めることも考えられる。

集団主義の文化と個人主義の文化とで、社会的手抜きがどう現れるか、米国在住の中国人大学院生（台湾と香港出身）を被験者にして実験が行われた。[8] この実験は、第1章で述べたような、大声を出しながら手を叩くものであった。米国人学部生の疑似ペア条件（他者も一緒に大声を出していると思い込んでいる条件）のパフォーマンスレベルは、単独条件の82％であった。また大学院生の場合は93％であった。米国人の場合は社会的手抜きが見られたのである。それに対して中国人の場合は単独条件の114％となり、集団条件のほうが単独条件よりパフォーマンスが高くなった。これを社会的努力という。

次に米国で学んでいる中国人留学生ではなく、台湾の台北《タイペイ》で中学生を対象に実験を行った。しかし、実験の結果、疑似ペア条件のパフォーマンスレベルは低いものであった（叫ぶ89％、手を叩く92％）。すなわち社会的手抜きが見出《みいだ》された。さらにインド、タイ、マレーシアでも実験が行われ、やはり社会的手抜きが見出されている。

いっぽう、先述した課題とは異なる課題（ヘッドフォンからの音を数えさせる課題）を用いた実験も行われている。[9] 具体的には6～12個の音（両耳に提示される場合、片方の耳に提示される場合がある）を被験者に聞かせ、どちらの耳から何個が提示されたかを両腕と指を使って回答させるものであった。被験者は中国人（台湾）と米国人（フロリダ）の小学生と中学生であった。

この場合のパフォーマンスの指標は正解数となる。このようにパフォーマンスの量ではなく、質が問題になる場合は、結果は明確ではなかった。学年で見ると、中学3年生の場合は米国人のほうが中国人より社会的手抜きをしたが、6年生では差がなかった。また米国人の男子生徒は社会的手抜き（パフォーマンスが単独条件の85・2%）を示し、逆に中国人の男子生徒は社会的努力（単独条件の110・1%）を示した。しかし、女子生徒間では差が見出されなかった。

わが国でもいくつかの追試が行われたが、[10][11][12][13]一貫した結果は得られなかった。

これについて、先述した米国在住の中国人大学院生を被験者にした実験の場合、被験者が中国人エリートとしてのアイデンティティを強く意識し、そのことが集団条件でのパフォーマンスの上昇をもたらしたとも考えられる。いっぽう西欧の文明になじんだ日本人大学生の場合は実験の結果、社会的手抜きも社会的努力も見られなかったため、欧米の個人主義的傾向と、東アジアの集団主義傾向の中間に位置していると考察する研究者もいる。[12]このことから集団主義か個人主義かという態度と、その人の国籍は必ずしも関連しているとはいえない可能性がある。先述したように、集団主義が優勢だと思われている文化においても4割の人はそうではないという研究もある。

集団主義でも手抜きは見られるか

そこで、集団主義と個人主義の態度を測定したうえで、社会的手抜きの実験を行ったものもある(14)。その結果、個人主義的傾向が強い人の場合には、単独で作業をしたほうがパフォーマンスが優れ、逆に集団主義傾向が強い人は内集団成員（同じ地域の出身で、互いの態度、興味、宗教、家庭環境も似ていて、すぐにでも親しい友人になれる可能性がある人）と一緒の場合のほうが成績が優れた。また全体として中国人は集団主義の態度得点が高く、米国人は低い傾向を示した。

このことから集団主義―個人主義という態度の違いが社会的手抜きに影響し、そのような態度を持つ人々の割合が国によって少々異なることが明らかになったとはいえるであろう。

ただし、ここで使用された集団主義―個人主義の態度を測定する質問項目は、社会的手抜きをするか否かを間接的に問いただしているような内容になっている。たとえば「集団の中で働くより、1人のほうが良い仕事ができる」という質問項目がある。これは「集団になれば大した仕事はできないので、集団で仕事をするときは一生懸命働かない」という意味を表しているともいえる。また「のし上がっていくためには、1人でやるしかない」という質問項目もある。これは「集団の中で皆と一緒に仕事をしていても埒《らち》が明かないので、そこは適当に手を抜いて、自分のことに集中する」と書き換えてもそれほど違わないように思える。逆にいえば社会的手抜きをする可能性が高い人を個人主義と名づけて研究を行ったともいえる。

マイノリティであること

このように、個人主義―集団主義と社会的手抜きの関係についての研究結果は一貫しているとはいいがたい。

その理由の第1として実験手続きの問題が考えられる。文化差を見出した、米国在住の中国人大学院生を被験者にした実験は1980年ごろ行われたものである。このころは米国の中国人留学生はほとんどが台湾と香港出身で、その数も少数であり、白樫《しらかし》(12)が指摘するように選ばれたエリートであったものと思われる。そのような人を集めて心理学実験の被験者にするということであるから、被験者になった中国人は祖国の誇りや面子《メンツ》というものを強く意識した可能性がある。そのために個人よりも集団になったとき、動機づけが上昇したのであろう。事実、台湾で実験を行った場合、そのような現象は見られず、米国と同じように社会的手抜きが生じたのである。すなわち文化差ではなく、被験者がマイノリティに所属しているか否かが結果に影響したものと考えられる。

理由の第2としては、課題の性質の問題がある。大声を出すような課題ではなく、正解(質)が求められるような課題の場合は文化差が見出されなかった。人前で大声を出すのは、被験者はかなり抵抗感を覚えるものと思われる。この抵抗感の程度に中国人と米国人に差があったために、社会的手抜きの文化差が生じた可能性もある。すなわち社会的手抜きの文化差というより、人前で大声を出すことの抵抗感の文化差を検出したのかもしれない。

欧米人の集団主義に対する低評価

先述したように、西洋は個人主義で東洋は集団主義であるという見方は広く支持されている。しかし報酬を自分と相手にどのように分配するかを尋ねた研究によれば、南米ペルーのケチュア族は他者に報酬額の25％しか分配せず（最低値）、インドネシアのラマレラ村では57％（最高値）であった(15)。米国のピッツバーグでは45％ほどであり、世界平均よりも高かった。報酬分配に関しては米国人が個人主義的であるとはいえない。

欧米では伝統的に個人主義を高く評価し、集団主義的に行動する者を軽蔑する。たとえば哲学者ニーチェは、畜群（受動的に他者と画一的な行動をする現代の一般大衆）が高貴な者を貶《おとし》める危険を繰り返し警告している。「超人」は高貴で、自分で自分が欲することを行い、他者と付和雷同せず、自立し、独立して生きる存在であり、人間は社会に染まっていないときが最良の状態であると主張している。また、デカルトは『省察』の中で、「目をつぶり耳を塞《ふさ》ぎ、私は外界からもたらされる感覚から注意をそらす。私は意識から物質的なものの全《すべ》てのイメージを消し去る。自分自身とのみ会話をする。そして自分自身の性質のみを細かく吟味する。自分自身にのみ問いかける。外界の真の知識を得るためには知人に聞いたり実験したりするのではなく、孤独の中で省察する（我思う故に我あり）」（落合太郎訳）と述べている。またカントは「啓蒙《けいもう》とは常識や世間から自分を解放することである。自分自身に問いかけることが大切である。社会的影響から自由になった時に人間の理性が最高に発揮される」と主張している。このように、西洋の代表的哲学者は個人主義的完全性を強調する傾向がある。そして人間の美徳は社会的影響が低下するほど増大するとしている。この文脈から考えれば欧米の研究者は、自分たち西洋人は個人主義（高貴）であり、東洋人はそれと対極に位置すると考えている（無意識かもしれないが）可能性がある。個人主義－集団主義というのはそのような色がついた概念である。社会的手抜きの文化差に一貫した結果が見出されないのは、このように価値が含まれた概念で現象を解釈しようとしているからかもしれない。

日中比較

先述したように日本も中国も、共に集団主義文化に属するといわれている。いっぽう、中国人の社会的行動は日本人より欧米人に近く、上司に対する義理人情より現実的な報酬を求めて転職するのは中国人社会では普通であるとする見方もある。(16) 現に中国にある日系企業は離職率の高さとストライキに悩まされているということである。さらに中国人は社会的体面を保つことを重視し、とくに面子を大事にするといわれている。(17) 面子は社会的影響力、能力、経済力があるなどの印象を与える物質的な体面である。

面子の日中における違い

面子についての日中比較研究によれば、中国人が面子をつぶされたと感じる要因は、一貫して個人の能力の評価にかかわるものであった。[18] 経済力のなさを露呈してしまったり、能力のなさを他者が人前で言及した場合には面子がつぶされたことになる。

いっぽう日本人が面子をつぶされたと感じる要因は一貫して社会的立場に見合う処遇に関するものであった。たとえば「日本人が苦心してアルバイトを紹介してあげたのに、紹介を受けた中国人が簡単に他へ移ってしまった」とか「意思決定のプロセスに加わることができる立場であったのに、日本人をそのプロセスに加えず、中国人が事後報告をした」などの行為は日本人の処遇にかかわる面子の意識を無視したことになる。要するに日本人は処遇の面子、中国人は能力評価の面子を保持しているといえるであろう。

中国人の個人の能力にかかわる面子の意識はコミュニケーションスタイルにも反映されていて、「謝らない」「相手をほめない」「お礼を言わない」「自分の権利や利害を主張する」「できないとは言わない」という形になって現れるということである。[18] そのために中国人は自分の面子がつぶされた場合、「徹底的に自己の非を認めない」とか「自己の非を正当化しようとする」といった行動をする。

いっぽう日本人の場合は、相手の面子がつぶれて、その事態に自分がかかわっている場合、「自己にも非があったように一歩譲る」とか「悪くもないのに自分が謝り、相手の面子の損失がその場で浮き彫りにならないように振る舞う」などの行動をするということである。

能力評価とパフォーマンス

このようなことから、中国人は日本人より他者からの能力評価に敏感であることが考えられる。中国人の場合、自分個人の能力のみが他者から評価されるような状況（単独作業）では面子を維持するために、パフォーマンスを高めることが予想される。いっぽう他者と一緒に作業する場合は、自分だけが評価されるわけではないので、動機づけを低下させることが考えられる。

このようなことを明らかにするために、大阪大学と中国河南省《かなん》の比較的偏差値の高い国立大学（鄭州《ていしゅう》大学：中国の大学ランキングの中でトップ50に入る）で比較実験が行われた(19)。実験に用いられた課題は記憶連想課題であった。それは、1対の単語ペアを記憶させたあとに、片方の単語（刺激単語）を提示し、対応するペアの単語（反応単語）を想起させ、複数の選択肢の中から選ばせるというものであった。実験課題は難易度が高い複雑課題と難易度が低い単純課題が用いられた。単純課題は、比較的連想しやすい単語ペアで、複雑課題は、連想しづらい単語ペアで構成された（例・単純課題ペア：おがむ－たのむ、複雑課題ペア：いのる－にらむ）。

実験は2人1組で行われた。被験者が1人ずつ仕切られたスペースに着席したあと、「記憶の改善法に関する研究」をしているとのもっともらしい説明が行われた。実験中は、被験者の前にあるパソコンに被験者自身と他者の成績と平均点がリアルタイムで提示された。ただしこの成績フィードバックは実際のものではなく実験者が作成したものであった。フィードバックは次の4パターンであった。①高−高条件：他者の成績が被験者の成績より一貫して良い、②低−低条件：他者の成績が一貫して悪い、③高−低条件：はじめは他者の成績が被験者より良く、後に悪くなる、④低−高条件：はじめは他者の成績が悪く、後に良くなる。実験中にはパソコン画面に記憶すべき単語ペアが提示され、30秒間の記憶時間が与えられた。その後、選択肢が提示され、参加者はキーボードで回答項目を入力するよう指示された。なお中国で実施された実験も前記手続きと全く同じ方法で行われた。また課題は、難易度が日中で同じようなレベルのものが選択された（中国で用いられた課題の例・単純課題ペア：太阳〔太陽〕−月亮〔月〕、複雑課題ペア：星星−曲折）。

実験の結果を図2−1、図2−2に示す。図2−1は、単純課題における各条件の無反応の割合を計算し、その値と単独条件（被験者1人で作業をする統制条件）の無反応の割合との差を算出したものである。要するに、集団になったときの社会的手抜きの量を表しているということになる。この図の縦軸の0から上は社会的手抜きの量を示し、0から下は社会的努力の量を示しているといえる。複雑課題に関してもほとんど同じ結果が得られた。

この図に示されているように、全体的に中国人の被験者は複雑な課題であろうが単純な課題であろうが、社会的手抜きを示すことが明らかになった。ただし、他者の能力が一貫して低い場合は社会的手抜きの程度が低かった。これは面子が保たれているために、課題を放《ほう》り出すようなことをしなかったのではないかと推測される。それに対して、日本人の被験者の場合は集

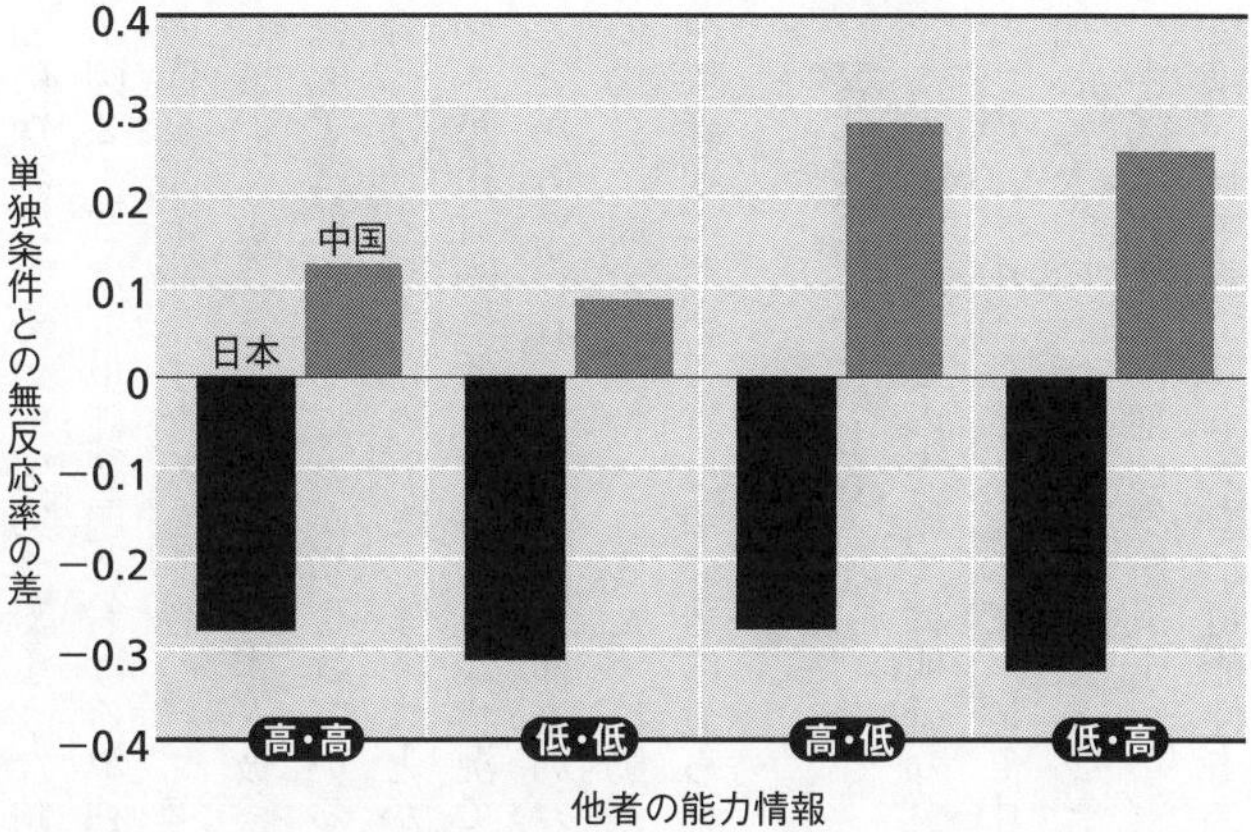

図2-1
単純課題における単独条件と実験条件の無反応率の差

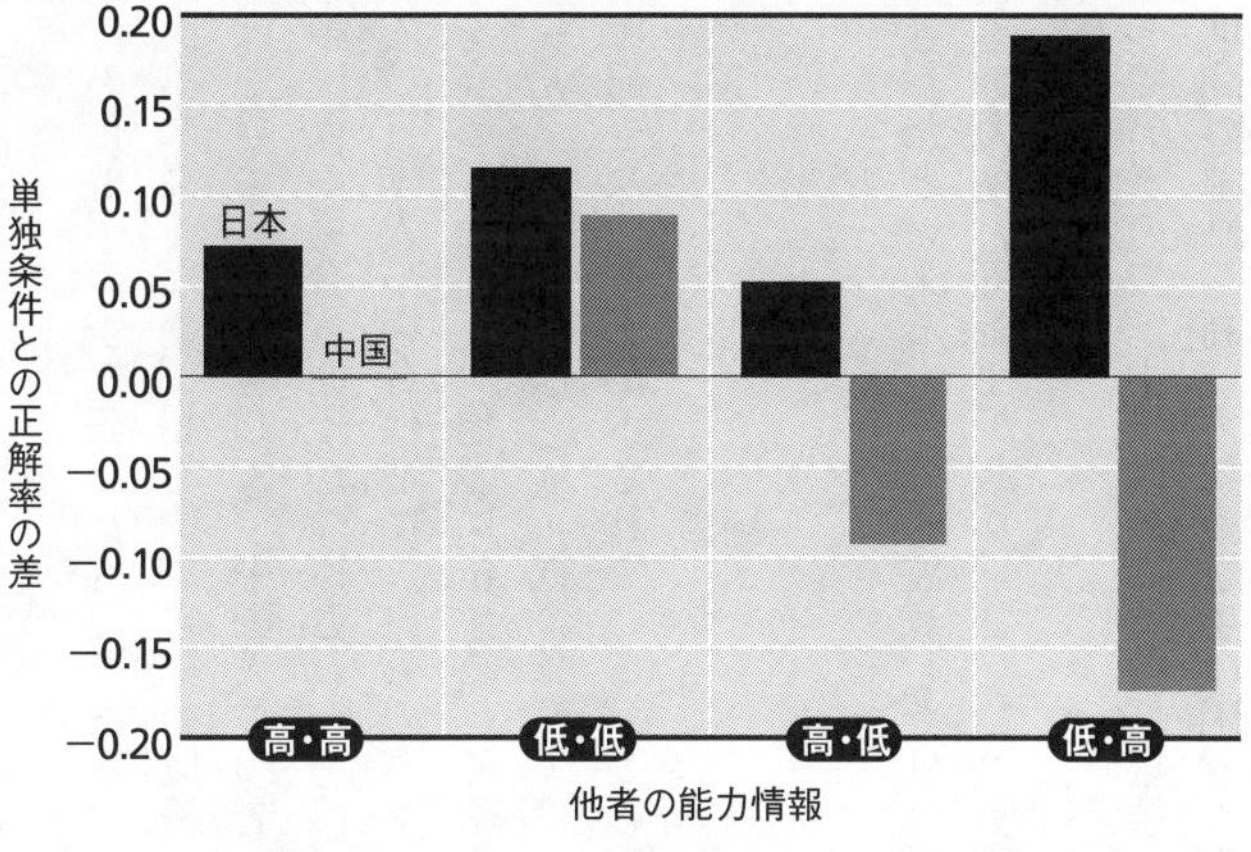

図2-2
単純課題における単独条件と実験条件の正解率の差

団になればかえって努力するような傾向が見られた。

図2－2は、単純課題における単独条件と各条件の正解率の差を表したものである。この図の低－高条件、すなわち他者のパフォーマンスが次第に高くなり、相対的に自分の成績が低下していくような条件では、日本人被験者の正解率は上昇するのに対して、中国人被験者の場合は顕著に低下することが示されている。ここでも中国人の場合、面子がつぶされたと感じた場合にはやる気をなくしてしまうことが示されている。日本人の場合は逆に、自分のパフォーマンスが相対的に低下するような状況では動機づけを高め、なんとか他者に伍《ご》するべく努力することが考えられる。いっぽう他者のパフォーマンスが一貫して低い（低－低）条件では中国人の場合、面子が維持されるために動機づけの低下は起きないことが示されている。この傾向は複雑課題においてさらに顕著に見られた。

文化比較研究の難しさ

このように、この実験では明確な文化差が見出されたといえる。ただし注意しなければならないのは、中国は広大なので、同じ中国でも地域差が大きい可能性があり、またこの実験に参加した大学の評価の違いの効果もあったかもしれない。

中国は北部と南部は気候風土から言語まで異なっているので、中国国内の差は、場合によっては、日中差よりも大きい可能性もある。また、世間の評価が高い大学の学生は困難な入試を乗り越えたことによる「努力の正当化」の心理メカニズムが働くであろう。大学生活は期待通りの場合もあるが、そうでない場合もある。評価が高い大学の学生は、たとえ大学の授業や生活が期待外れであったとしても、自分の過去の努力が無意味だったことは認めがたく、そのためになんとか努力を正当化しようとして、何事にも一生懸命取り組むことが考えられる。大学入試の機能はもちろん志願者の選別ということであるが、それ以上に重要な機能として入学者の動機づけの維持がある。その意味で最近の推薦入試やＡＯ入試などの普及は問題があるかもしれない。

また評価が高い大学の学生は幼少のころから努力が良い結果をもたらすことを実体験しており、自己効力感（自分の努力が成果と結びつく可能性が高いと認識している感覚）が高くなっている可能性がある。企業が採用時に偏差値が高い大学の学生を優遇する傾向があるのは、知的な面で優れている者を求めているということより、達成動機や自己効力感の高い者を求めていることが背景にあるものと考えられる。このようなことから、前記結果が日中の差を検出したのか、あるいは大学の評価の差を検出したのかについては何ともいえない。文化比較研究はさまざまな意味で難しい面がある。

2　男女による違い

女性は真面目か

社会的手抜きに、男女差はあるのだろうか。たとえば学生の受講態度を思い起こしてみる。確かに授業に真面目に出席し、ノートをきちんととるのは女子学生が多く、試験の前に頭を下げてノートを借りるのは男子学生が多いというイメージがある。だが、女子学生がマイノリティではなくなった現在でもそのようなことがいえるのであろうか。筆者が担当している授業に出席していた学生（1年生男14名、女64名）に尋ねたところ、試験の前にノートを借りた経験があると答えた割合は男子学生が71％、女子学生は69％であった。男女差は見出されなかった。

それでは社会的行動の性差に関する研究結果はどうであろうか。この領域の研究数は膨大で、結果もさまざまである。しかし次のようにまとめることができるであろう。

①リーダーシップ行動　男性は課題達成に力を入れ、活動的で、勢力や影響力を行使しようとするのに対して、女性は課題達成より人間関係を良くすることに力を入れ、他者の感情や気持ちを理解しようとする。また部下に微笑《ほほえ》んだり、アイコンタクトをしたりすることも女性のリーダーが多い。ただ実際の組織を対象に調査した研究は、明確な男女差を見出していない。

②討議場面の行動　1950年代の研究では、女性は控えめで、あまり発言せず、ただ賛成

したり、他者に配慮するような発言が多く、いっぽう男性の発言は課題達成にかかわるものが多くなるということを明らかにしている。しかし最近の研究結果は性差をほとんど見出していない。

③集団パフォーマンス　肉体的力が要求されるような課題や数学の解答を求めるような課題は男性集団が優れ、言語的能力が要求されるような課題は女性集団が優れる傾向がある。ただ男女混合集団の場合、伝統的な性役割が男女の動機づけに影響しているといわれている。筆者の記憶では、少なくとも昭和40年代まで九州筑後《ちくご》地方の田植え作業の日当は男女で格差があり、女性の賃金は男性の8割程度であった。ただし、女性はもっぱら苗を植える作業に従事するのに対して、男性は苗を運んだり、綱を張ったりするような力仕事や技術がいる仕事も担当するということではあった。

肉体的な力や技能が要求される作業のように男性が優れていると思われている仕事で、優れた業績を女性があげた場合、能力が高いと評価されず「運が良かっただけ」と解釈される傾向がある。(20) 逆にいえば男性がリードすべきであると思われている仕事を男女が一緒に行う場合、男性の動機づけが高まることが考えられる。

このような現象が起きる原因は、周囲の人たちがその集団に抱いている固定観念（ステレオタイプ・先入観）にあることを検証した研究がある。(21) この研究では、「女性は一般に男性より数学が苦手である」という俗説を知っている女性は、結果として実際に数学のテストが悪くなる傾向があることを実験によって明らかにしている。このような先入観の効果については性差だけではなく、年齢差についても現れることが予想される。たとえば、加齢に伴って認知能力が低下するという固定観念を高齢者に意識させたのちに記憶力テストをすると、成績が悪くなることも考えられる。集団パフォーマンスの性差や年齢差は、個人が自分の属する集団のステレオタイプを内在化した結果現れている可能性がある。

④競争場面の行動　男の子は体をぶつけ合ったり、競争したり、冒険を好んだりするが、女の子は仲良しとおとなしい遊びをする傾向があるといわれている。そのため、女性よりも男性のほうが競争を好むというのである。しかし大人になってからもそのような傾向が持ち越されているとはいえない。ただし、リスクを覚悟しなければならない状況であったり、得られる報酬が大きかったりすると男性のほうが競争的になる。

また女性のほうが感情に左右されやすいことも明らかにされている。たとえば誰かと問題を抱えているとき、女性は男性よりも、相手が魅力的であれば協力的になる傾向があり、嫌いであれば競争的になる。

⑤同調行動　女性のほうが同調しやすいということを明らかにした研究は多い。ただ性差は僅少《きんしょう》で、また性差が現れやすいのは対面した状態で、自分の意見を他者の前ではっきりと述べるような状況である。匿名が保証されるような状況では性差は見出されていない。

このようになるのは、前述したように、女性が対人関係指向で人間関係に注意を払う傾向が強いことが背景にある。男性は同調しないことで他者よりも優位に立つことを考えたり、それができなければ集団から離れたりする。現代でも端午の節句には鎧兜《よろいかぶと》、ひな祭りにはおひな様を飾るように、男性は攻撃的で他者を支配し独立して行動することが期待され、女性は多くの人と仲良く過ごすことが期待されている。そのような期待が同調率の性差となって現れるものと考えられる。ただし、伝統的な女性像に否定的な女性は男性よりかえって同調率が低くなるとの研究もある。

以上の研究結果から、社会的手抜きに関しても性差が存在することが推測される。というのは前述したように欧米の男性は課題達成指向が強く、そのために個人の力がはっきり表面に出ない（評価可能性が低い）状況では動機づけが高まらないことが予測されるからである。[22] いっぽう欧米の女性は対人関係指向が強く、皆で一緒に行う課題でも男性ほど手抜きをしないことが考えられる。ただし、社会的手抜きの性差を実験によって直接吟味しようとした研究は数少ない。

性差による手抜きの実験——綱引き実験

そこで、筆者は実験によってこれを検討した。[23] また前述の考察がわが国でも当てはまるかどうかについての検証も試みた。そのために実験室内に、集団による綱引きのような状況（図2−3）を設定した。ここでは1本の綱を複数の人が引くのではなく、天井から吊《つる》されたつり革

図2-3
社会的手抜き実験の実験室内

を被験者ひとりひとりが腕相撲の要領で引っ張るようにした。9人の被験者に対して「個人個人の力ではなく集団全体の力を測定していて、その値のみがコンピュータに取り込まれる」との教示を与えた。そして全員に引っ張らせ、コンピュータ・ディスプレーの中の数字が変化することを体験させた。実験は、第1回目の試行と第12回目の試行が単独試行で、この場合はひとりひとり順番に引っ張らせた。第2試行〜第11試行は集団試行で、9人が同時に引っ張った。このとき、被験者は個人の力は測定されていないと思っているが、実際は個人の力が測定されていた。単独試行の結果と集団試行の結果の差が社会的手抜きの指標となる。実験の結果、男性が引っ張る力の平均は22・03キログラムで、女性のそれは10・55キログラムであった。男女を比較するために標準得点に変換した値を分析した。図2−4に示されているように、男性も女性も単独試行にくらべて集団試行の張力は低下しているが、男性のほうがその落差が大きい。こ

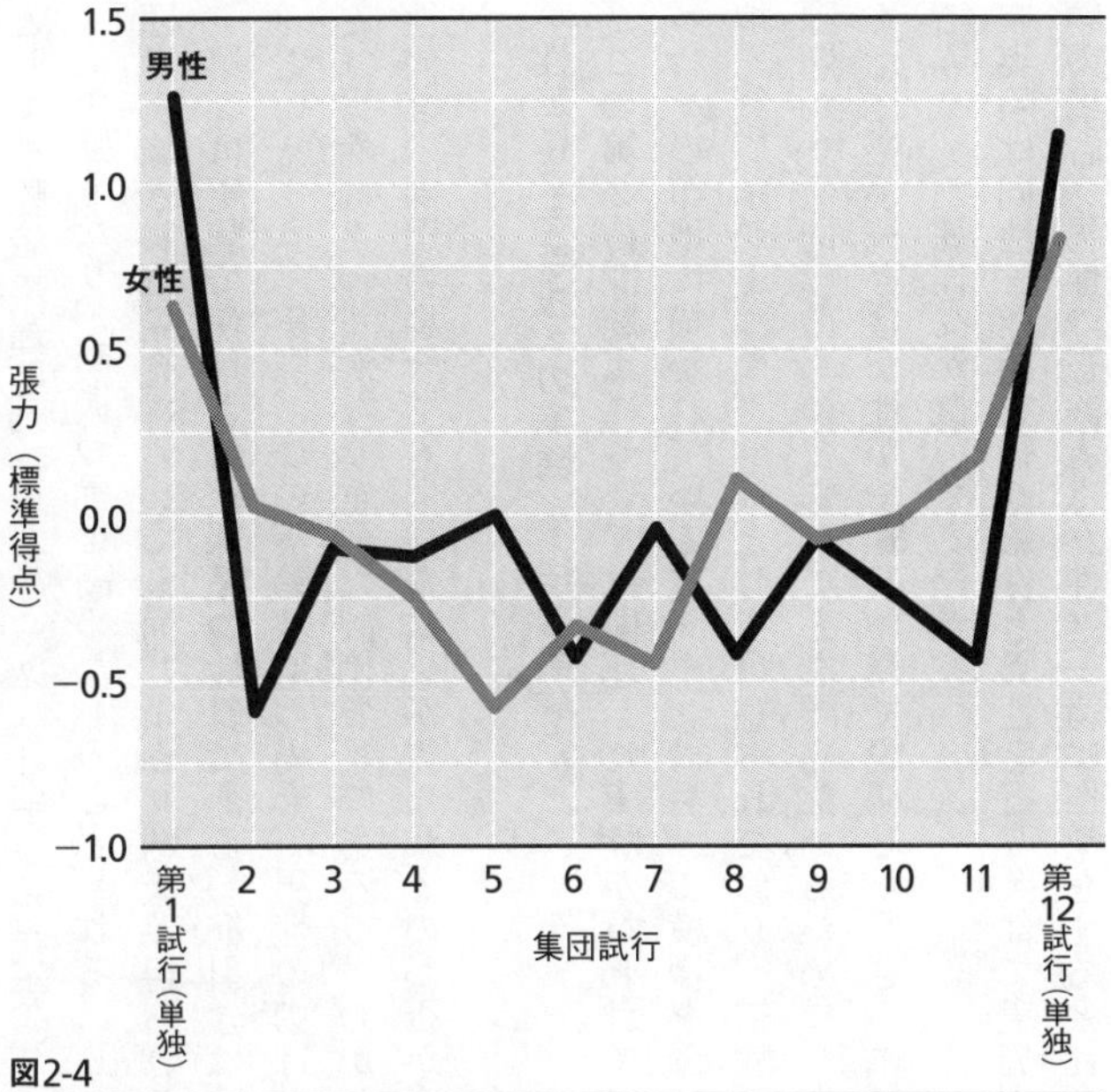

図2-4
張力の変動：12試行の標準偏差と平均値にもとづく標準得点

のことはわが国でも社会的手抜きが存在すること、男性のほうが手抜きの程度が大きいことを示している。

ただし、この結果は次の２点について吟味したうえで評価する必要がある。

その第１はこの実験が１９９８年、国立の工業大学（九州工業大学）で行われたということである。その当時この大学の女子学生の割合は１割にも満たなかった。すなわち女子学生は完全にマイノリティであった。これは前述の米国在住の中国人留学生を被験者とした実験と共通点がある。マイノリティが集団として被験者に選ばれた場合、マイノリティを代表しているという意識（集団アイデンティティ）が強くなり、動機づけを高めたものと思われる。したがって、この実験が、女性が多い集団で実施された場合においても同じような結果が得られるかを吟味する必要がある。

第2は実験で使用された課題の性質である。綱引きは腕力が要求される男性向きの課題であるといえよう。実際、この実験課題の場合、男性の力は女性の約2倍であった。腕力が強いことは男性にとってかなり重要な評価要素であろう。しかし女性にとってはどうであろうか。女性向きの課題の場合でも同様な結果が得られるのか否かを吟味する必要があろう。

性差による手抜きの実験——手芸実験

この第2の問題点については関連した実験が行われている。(24) 実験で用いられた作業はルーズニットの布地に描かれているパターンに沿って模様を縫い上げるものであった。フレーム、布地、針、糸が1つのキットとして用意されており、被験者には9個のキットが渡された。この課題が女性向けのものであることを際立たせるために、作業に使用された布地はピンクであり、また作業手続きは女性がやさしい声で説明した。さらに説明している部屋にはかわいいぬいぐるみや、刺繡《ししゅう》作品が置いてあった。

実験は同性と作業を行う条件と異性と行う条件で実施された。予測としては、このような課題の場合、男性の被験者は女性と一緒に作業をすると社会的手抜きにより作業量が低下し、逆に女性の被験者は男性と作業をすると作業量が上昇するというものであった。実験の結果、男性は女性の被験者と一緒に作業を行った場合は確かに作業量が低下したが、女性の場合は男性と作業をしてもパフォーマンスが上昇することはなく、逆に低下してしまった。要するに男女とも異性のパートナーと作業をする場合にパフォーマンスが低下したのである。

このような女性向きの作業で男性が女性と作業をするとき、社会的手抜きをすることは理解できるが、女性が男性と作業をするときにも社会的手抜きが生じてしまう現象については解釈が難しい。女性は同性と作業をするときは手抜きをせず、男性と作業をするときは作業内容のいかんにかかわらず控えめになってしまうということであろうか。しかし、いずれにしても、女性も条件や課題によっては社会的手抜きをすることが明らかにされたとはいえる。

3　パーソナリティによる違い

どんな人が手抜きをするのか

前述したように評価可能性が低く、自分のパフォーマンス（業績）が必ずしも自分の報酬とはならない場合や、自分が努力しても集団全体のパフォーマンスの向上にはほとんど役に立たない（道具性が低い）場合には社会的手抜きが生じやすい。そのために評価可能性や道具性の認識に敏感なパーソナリティ（気質、性格、能力を含めたもの）の持ち主は社会的手抜きをしやすいことが考えられる。では、どのようなパーソナリティを持つ人が社会的手抜きをしやすいのだろうか。

ある人がどんなパーソナリティを持っているかを計るために、パーソナリティ・テストが行われる。パーソナリティ・テストにはさまざまなものがあるが、最近は主要5因子性格検査(ビッグファイブ検査)が多くの分野でよく使われている。5つの因子とは、外向性(社交的、群れやすい、おしゃべり、活動的)、情緒安定性(不安、抑うつ、感情状態が不安定)、勤勉性、協調性、開放性(好奇心が強く、新しい経験を追い求める傾向)である。この5つの因子の強弱の組み合わせによってパーソナリティを計るのである。

勤勉性と協調性

この5因子の中で社会的手抜き行動を促進しそうな性格特性として、勤勉性と協調性が考えられる。勤勉性が高い人は、目的意識が強く、厳格であり、規律をよく守り、熱心で几帳面《きちょうめん》、意志が強く、注意深いといった性格の人である。勤勉性が高ければ、自分の努力が無駄になることが明らかな場合(道具性が低い場合)でも動機づけをある程度維持することが予測される。協調性は周りの人と協調して活動できることと関連している。協調性が高ければ、評価されるか否かと関係なく、皆と一緒に作業をするであろう。そのために社会的手抜きが起きにくくなることが考えられる。

このことを検証するために、たとえば「協同プロジェクトに参加している場合、他のグループメンバーがいるなら、仕事は彼らに任せる」など、ある特定の場面を想定して、項目に回答させる、場面想定法を用いた実験が行われている。[25] 予想通り、勤勉性と協調性は社会的手抜きと負の相関があることが見出された。ただし、別の研究[26]では、勤勉性、協調性だけでなく、外向性と社会的手抜きとの間に正の相関、情緒安定性との間に負の相関を見出している。

達成動機

さらに達成動機との関連を見た研究もある。達成動機とは、個人的な目標や基準を達成しようと努力する傾向のことである。

達成動機の測定方法はいくつかある。その中にはTAT（絵画統覚検査）の図版を提示し、図版の中の、黒板を前にして少年が物思いに耽《ふけ》っている場面や老人と青年が顔を近づけて話し合っている場面などについて、被験者に自由に想像させることによって、無意識下の達成動機をとらえようとするものがある。[27] 図版ごとに、絵の中に出てくる人物は今、何を行っているのか、このことが起こる前には何が起こったか、この人物はどのようなことを考え、何を望んでいるのか、これからどのようなことが起こるのかといった質問を与え、それに自由記述方式で回答を求める。回答の中に、たとえば、他人との競争事態を想定したり、勝ちたいといった願望を表明したり、ユニークな事柄を達成したい、高い基準を設定しクリアしたい、長期間の努力が必要な課題を達成したいというような記述が見られるかどうかについて判定し、点数化するものである。[28]

その他に、7つの次元（仕事倫理、優越性の追求、上昇志向、競争傾向、金銭や物質的富の獲得、支配、優越性の追求）よりなる尺度により、達成動機を測定するものもある。[29] この尺度を用いて達成動機と社会的手抜きの関連について検討した実験がある。[30] この実験では2人組の被験者は、12分間でナイフの使い道をできるだけたくさん考えつくように要請された。実験の結果、達成動機が低い被験者は、他者の努力量が高いときのみ社会的手抜きを行った。達成動機が高い被験者は、どのようなときでも手抜きをしなかった。

ナルシシズム

また社会的手抜きとナルシシズム（自己陶酔症）との関連について検討した研究もある。[31] ナルシシズムは自分の業績や能力を誇張する傾向が強く、周囲からの賞賛を求め、しかも共感能力が欠如しているといった症状を指す。この傾向がある人は自分のことを他者より優れた特別な人間であると思っていたり、自信が強く、無分別であったりするということである。質問項目としては、たとえば「私は人々を感化するような天性の才能を持っている」「私は注目の的になるのが好きである」「私は自分の体を見せびらかすのが好きである」などがある。実験課題は自転車のペダル踏み運動を、エルゴメータを使用して行うものであった。実験は3名集団で実施された。実験条件は評価可能性あり条件と、なし条件の2つであった。前者は個人のパフォーマンス（10分間の走行距離）が記録されていて、それが大学の掲示板やインターネットで公表されるというものであった。後者は集団全体の得点のみ記録され、公表されるというものであった。

実験の結果、低ナルシシズム被験者では評価可能性あり条件の走行距離は5・13キロメートル、評価可能性なし条件は5・05キロメートルとなり、差がなかったのに対して、高ナルシシズム被験者の場合はそれぞれ5・6キロメートルと4・67キロメートルとなり、差が見出された。自己報告による努力量や心拍数も同じ傾向が見られた。この結果は、ナルシシズム傾向が高い人は評価可能性がない状況では社会的手抜きをすることを示している。

ナルシシズムと似たようなパーソナリティとして自己特別視（ユニークネス知覚：自分自身をユニークで、しかも他者より優れていると思う傾向）がある。自己特別視は被験者に勉強、運動、創造性、社会性の4分野すべてについて自分の得意なことを挙げさせ、それぞれについて、非常に優れている人が自分の周りに何割いるかを評定させることにより測定する。この評定値が低いほど、自己特別視の程度が高いと判断される。フランス人を被験者とした実験では自己特別視が高い者ほど社会的手抜きの程度が強くなることが明らかになっている[32]。ただし、挑戦的な課題では自己特別視が高い者ほど動機づけが高くなることも示された。逆に自分を平均的な人間だと思っている者は動機づけが高まることはなかった。

認知欲求

前記の研究から、パーソナリティと課題の性質の組み合わせが社会的手抜きに影響することが示唆された。つまらない課題であれば手抜きをするが、挑戦的な課題であれば手抜きをしないような人もいるかもしれない。たとえばナイフの使い道をたくさん挙げるといった認知的努力が要請される課題であれば、認知欲求（挑戦的な課題の解決を楽しんだり、試みたりする欲求）が高い人は社会的手抜きをしないが、綱引きのような肉体的な力が要求されるような単純な課題であれば手抜きをすることが予測される。

認知欲求は、たとえば「私はものごとを深くかつ長時間考えることに満足感を感じる」などの質問項目によって測定される。認知欲求と社会的手抜きの関係について検討した実験もある。(33) 用いられた課題はパソコンのモニターに小さな点が現れたら、キーを押すことであった。点の出現場所と時間はランダムであった。実験条件は挑戦的課題条件と非挑戦的課題条件であった。前者の条件では「このシミュレーションは挑戦的な課題で宇宙飛行士や空港の管制官に必要な能力や思慮深さの検出と密接に関連している。スクリーンに提示される点は幾何学的なパターンを描いている。そのパターンに気づけば点の検出が正確かつ容易になる。注意を集中して出来るだけたくさん点を検出すること」といった教示が与えられた。いっぽう後者の条件では「このシミュレーションは宇宙飛行士や空港の管制官に必要な基礎的な技術と関連している。

表2-1
パーソナリティと社会的手抜きに影響する認知との関係

パーソナリティ	社会的手抜きに影響する認知			
	努力の必要性＝不要性の逆（自分の努力が集団全体に役に立つ）	道具性（自分の努力が報酬や罰に直接結びついている）	評価可能性（自分の努力が公に認められる）	報酬価（仕事自体や報酬に価値がある）
達成動機	○	○	○	○
勤勉性	○	○	○	○
調和性			○	
外向性			○	
ナルシシズム	○		○	
自己特別視	○		○	
情緒安定性	△	△	△	△
認知欲求				○

註　図中の○印は、各パーソナリティ傾向が強いほど、各認知の程度も強くなる、あるいは強く反応することが推測される。△は不明。

実験が始まったら注意を集中して出来るだけたくさん点を検出すること」といった教示がなされた。

実験の結果、認知欲求が高い被験者は挑戦的な課題では社会的手抜きをせず、認知欲求が低い被験者は挑戦的な課題であろうがなかろうが社会的手抜きを行った。

社会的手抜きと関連したパーソナリティとは

以上、社会的手抜きに影響するパーソナリティについて述べてきたが、これらはすべて図１−４の社会的手抜き発生のプロセスモデルの中の努力の不要性、道具性、評価可能性、報酬価と関連していると考えられる。

表２−１は、これまで取り上げたパーソナリティと社会的手抜きに影響する認知の関連について示したものである。たとえば勤勉性が高い

人は自分の努力が集団のパフォーマンスを高めるだけでなく、それが皆に認められ、それにより報酬が多くなると思っていることが推測される。さらに仕事それ自体の価値も高く評価している可能性が高い。ナルシシズム傾向がある人は自分が努力してもあまり集団の役に立たないと思った場合や、自分の努力が認められないと思った場合には社会的手抜きをする可能性がある。また認知欲求が高く何事にも好奇心を持つような人は、仕事自体の面白さに強く反応することが考えられる。

さらにこの表が示唆することは、社会的手抜きにおけるパーソナリティ間の機能の類似性である。達成動機と勤勉性、調和性と外向性、ナルシシズムと自己特別視は機能的には類似したパーソナリティかもしれない。また評価可能性はほとんどのパーソナリティと関連していることが考えられ、社会的手抜き発生を左右する最も重要な要因であると思われる。

4　幼少期の社会的手抜き

心の理論の成立

このように、社会的手抜きは、前記の認知能力、とくに評価可能性が成立していることが前提になるものと思われる。すなわち、他者の意図や心理状態について推測する能力（これを心の理論という）の成立が必要であろう。では、社会的手抜きは、誕生後、何歳くらいから見られるようになるのだろうか。心の理論は生後1年半ごろから現れはじめ、2歳になれば、たいていの子どもは意図と行動の関連を理解するようになるということである。また、かくれんぼ遊びのような状況では他者の視線の方向から他者の見ているものを想像できたりするといわれている。ただし、心の理論の獲得は大脳前頭葉の発達と関連しているので、それが完全に身につくのは就学前後であると考えられる。

心の理論の中には、自分の心の推測と他者の心の推測の両方が含まれている。社会的手抜きの生起にかかわるものは、後者であるが、一般にこちらのほうの獲得が遅れるといわれている。

3歳、4歳、5歳児を被験者とし、次の3つの課題を用いて心の理論を調べた実験がある[34]。第1は箱の中に予想外のものが入っている課題である。実験者は最初にシリアルのラベルが貼《は》ってある箱を見せて箱の中には何が入っているかを問う。子どもは「シリアル」と答える。次に実験者が箱の中からおもちゃの飛行機を取り出し、子どもに見せて、再び箱の中に入れる。その後、「箱の中に何が入っているか」「最初にあなたは何が入っていたと思っていたか」「この箱を見たことがない友だちの○○ちゃんは最初に何が入っていると思うか」という3つの質問をする。第2の質問が自分の心の理論に関連するものであり、第3の質問が他者の心の理論に関連するものである。

第2は見かけと現実が違う課題である。実験者は最初に棚の上に本物と区別できないような精巧なリンゴの模型を置いて、何であるかを問う。子どもは「リンゴ」と答える。次に子どもに模型を持たせて、確かめさせる。その後、「このリンゴは本物か偽物か」「最初あなたは本物のリンゴだと思っていたか」「これを触ったことがない友だちの○○ちゃんは最初、これを何だと思うか」といった質問をする。これも第1の課題と同様に、第2の質問が自分の心の理論に関連するもの、第3の質問が他者の心の理論に関連するものである。

第3は位置が変わる課題である。子どもに人形劇を見せる。登場人物はサリーとアンである。サリーはステッカーをもらうが、外に遊びに行っている間、それをどこかに隠しておかねばならない。サリーはピンクの箱にステッカーを隠して遊びに行く。その後アンが登場してステッカーをピンクの箱から黒の箱に移して退場する。それからサリーが戻ってくる。質問は「ステッカーは今どこにあるか」「サリーはどちらの箱を最初に捜すか」である。

続けて、社会的手抜きの測定が行われた。課題は風船を膨らませるものであった。単独で膨らませる条件と4人集団で膨らませていると思わせる条件（実際は被験者ひとりひとりのパフォーマンスが測定されている）が設定された。

実験の結果、心の理論の成立に関して、3歳と4歳以上で差が見られた。また、3歳児では社会的手抜きが見られなかったのに対して4、5歳児では集団条件においてパフォーマンスが20％低下し、大人と同等の手抜きが観察された。また自分の心の理論と社会的手抜きには関連はなく、他者の心の理論のみが関連していた。この実験は社会的手抜きが社会的知性の発達と密接に関連していることを示しており、その意味では社会的手抜きは人間の高度な社会的行為の1つであるとも考えられる。手抜きは知性のなせる業かもしれない。社会的手抜きを防ぐためには知性を縛る（監視する）か、魅力ある課題を提供し、課題と知性の方向性を一致させるほかないように思われる。

嘘と社会的手抜き

また社会的手抜きと嘘《うそ》をつく行為も関連しているかもしれない。子どもの嘘に関する研究は数多く行われており、その実験方法の1つがおもちゃを使ったものである。

たとえば、実験者が箱の中に隠してあるおもちゃが何であるかを子どもに尋ねる。答えをいう前に、実験協力者が実験者を呼びに来て、実験者がその場を離れる。その際に、「おもちゃを見ないように」と教示するが、おもちゃ箱の中から音が聞こえるので、実験者がいない間に多くの子どもが見てしまう。実験者が戻ってきたときに、見たかどうか尋ねる。実験の結果、おもちゃを見てしまった3歳児のうち40％近く、4歳児のほとんどが嘘をつくということである。[35]

この実験も3〜4歳のレベルが嘘をつく行為の転換点であることを示しており、心の理論や社会的手抜きの発達と一致しているように思われる。

第3章　日常生活における社会的手抜き

社会的手抜きは、日常生活のさまざまな場面で起きていると思われる。会社や学校、電車の中、病院や原子力発電所でも、社会的手抜きにより生産性が低下したり、問題が起きたりしている可能性がある。本章ではそのような問題について吟味する。

1　サイバー手抜き

仕事中のインターネット私的利用

サイバー手抜きとは、仕事中に会社が提供する電子メールやインターネットを仕事以外のことに使用することであり、これも社会的手抜きの一種といえる。すでに2001年2月8日の『朝日新聞』に「認める？　認めない？　勤務中にインターネット　人脈重視で公私あいまい」という記事があり、この問題について詳細な解説が行われている。インターネット・ポータルサイトのYahoo! JAPANが登場したのが1996年、Google日本語版がサービスを開始したのが2000年ということであるから、インターネットが一般に利用されるようになって間もなく、この問題が取り上げられていることになる。

2008年7月15日の『朝日新聞』朝刊には、次のような記事が掲載されていた。

厚生労働省の職員が勤務中、公用パソコンを使って業務と関係のない掲示板やゲーム関連サイトなどを1日約12万件閲覧していたことが分かった。昨年もインターネットへの書き込み問題が発覚しており、舛添《ますぞえ》厚労相は14日、記者団に「職務中にそういうことをすべきでない。きちんとルールを作る」と表明した。厚労省は5月7日時点で、本省と地方厚生局8カ所の計約5500台のパソコンのネット利用状況を一斉に調査。閲覧されたサイト計約1000万件を分析したところ、業務と関係なさそうな閲覧は約12万2000件（1・2%）あった。（中略）調査を受けて6月18日から、掲示板なども閲覧できないようにした。（中略）町村《まちむら》官房長官は14日の記者会見で「不適正な実態があれば処分も検討する」と語った。

サイバー手抜きによる損失

米国では業務中に90%の従業員がウェブ・サーフィンをしていて、84%が私的にメールの送

図3-1
審議中にインターネット・ゲームに興じる米国下院議員
(写真：AP／アフロ)

受信を行っているという調査結果がある。[1] 業務中に行われるウェブ・サイトに対するアクセスは90％が業務と無関連のものであり、平均して1・7時間をインターネット・サーフィンで費やしているという報告もある。さらに1年間に540億ドル（50兆円程度）の損失と40％の生産性の低下をもたらしているとの主張もある。

また、米国では、下院での予算案審議中に、複数の議員がゲームのソリティアに興じていたり、フェイスブックや野球のスコアを見ていたりしている写真が報道されたことがある（図3－1）。日本でも予算委員長が審議中に委員長席で携帯電話の操作をしていたことが問題になったことがある。

米国における調査（224の企業が対象）によれば、6割の企業がインターネット使用について従業員に注意を促しているが、それにもかかわらず3割の企業で不正使用により解雇された従業員がいたことが明らかになっている。(2) わが国でも日本労働研究機構の調査結果によれば13・7%の企業が何らかの処分を行ったということである。2003年には就業時間中の私用メールによる解雇の無効が争われた裁判があった。判決は「労働者といえども個人として社会生活を送っている以上、就業時間中に外部と連絡を取ることが一切許されないわけではなく、就業規則等に特段の定めがない限り、職務遂行の支障とならず、使用者に過度の経済的負担をかけないなど社会通念上相当と認められる程度で使用者のパソコンを利用して私用メールを送受信しても職務専念義務に違反するものではない」というものであった。しかし場合によっては法的責任が問われる可能性もある。たとえばアプリケーションの不正なダウンロードは触法行為であるし、メールによる敵対的やりとりや虚偽の情報を流すことは名誉棄損で訴えられる可能性にもつながる。またウイルス感染や、情報漏洩《ろうえい》も懸念される。

サイバー手抜きは軽微なものから深刻なものまで、さまざまである。職業を有しているMBA（経営学修士）の学生（年齢36〜45歳）を対象とした米国における調査によれば、仕事と関係ないメールの使用やニュースサイトの閲覧をしている者は9割以上であった。(3) 株式、ショッピング、スポーツのサイトは6〜8割、オークションサイト、ツイッター、ブログは4割、オンラインゲーム、音楽のダウンロードは1割ほど、チャットルーム、オンラインギャンブル、アダルトサイトは1割以下であった。この結果からは、深刻な種類のサイバー手抜きの頻度は少なく、比較的軽微なものが多いことが示唆される。

わが国でも日本労働研究機構が２００２年にこの問題について上場企業と店頭登録企業合わせて３５７５社を対象とするインターネット調査を行っている。それによれば米国と同様に、9割の企業で私的利用をしている者がいるとの回答があった。ただし63・5%がこれを問題視していないことも明らかになっている。２０１０年には従業員数３００名未満の中堅・中小規模法人の経営者および従業員８２４人を対象に行った調査結果が発表されている[4]。それによれば、勤務時間内で54%、休憩時間では69%の経営者が従業員の私的利用に気づいていた。しかし67%の経営者がそれを容認していることもわかった。ただし1日4時間を超える業務外閲覧の経験がある社員が6%いて、これについては何らかの対策が必要だと経営者は考えているようである。

サイバー手抜きが生じる要因

サイバー手抜きが生じる理由として、4つの要因が考えられる[5]。

第1は個人の態度である。これは仕事に対する自我関与（仕事に意味があり、自分の努力が組織に貢献することにつながるという思い）の低さが関連している。

第2は組織風土や集団規範である。多くの同僚が仕事と関係ないことをしていれば、そのような規範が組織に容認されていると思ってしまうかもしれない。サイバー手抜きに対する同僚や上司の寛容な態度は手抜きを促進することが確認されている。とくに管理者がインターネットの利用を勧めると、部下はインターネットの利用であれば何でもかまわないと誤解する可能性がある。全般的に「自分専用のパソコン」を付与されている従業員のほうが「共通のパソコン」を利用している従業員よりも私的利用をしやすい傾向が見られるという調査結果もある。インターネットが標準的な道具となったような職場では、従業員が私的目的でそれを使用することは普通になり、避けられない面もある。

第3はインターネット以外の領域での社会的手抜きの存在である。仕事中にしてはならない行為はさまざまである。たとえば備品を持ち帰ったり、私用電話をかけたり、私用のために外出したり、給湯室でおしゃべりしたりする行為である。また時間にルーズであったり、約束を守らなかったりすることも信用を失う行為である。これらの行為をする人はサイバー手抜きもする傾向が強いことがわかっている。

第4はサイバー手抜きに対する態度がある。当たり前のことであるが、サイバー手抜きをすることを気にしない人はそれをする傾向が強いということである。

サイバー手抜きを減らすには

サイバー手抜きを少なくするためには、従業員の仕事への関与度を高め、生きがいを感じるように仕向ける必要がある。また簡単ではないが自尊心や道徳心、倫理感などを涵養《かんよう》する努力をすべきであろう。この2つは「言うは易《やす》く行うは難し」であるが。

さらに、オフィスのレイアウトを開放的なものにして、上司が従業員の仕事の様子を見ることができるようにすることも一案である。というのは、非正規社員の場合、私的利用のきっかけが「上司が離席しているとき」という調査報告があるからである。

それからインターネットの利用に関する公式の明文化された規則や罰則を制定したり、先述の厚生労働省のケースのようにサイトをブロックしたり、ネット利用を監視するといったことも考えられる。日本労働研究機構の調査によれば2002年の時点で、従業員によるインターネットの私的利用についてガイドラインや規則などで何らかのルールを定めている企業は40・7%であり、今後定めたいとする企業が37・6%であった。また会社の規模が大きくなるほどルールを定めている企業が多かった。

このようにサイバー手抜きも、他の社会的手抜きと同様に個人の報酬価（仕事の主観的価値）や評価可能性（ネット利用の監視）、道具性（自分の仕事が組織全体に貢献しているという思い）を高めることによって低減させることができると考えられる。

サイバー手抜きのメリット

ただしいっぽうでは、サイバー手抜きは必ずしも悪い面ばかりではないという主張もある。経営者の私的利用のきっかけは気分転換が64・7%であった。(4) また私的利用が職場の士気や人間関係にマイナスの影響を及ぼすことは少ないということも報告されている。[6] さらに社員の25%、企業のインターネット管理者の15%は、むしろ職場のコミュニケーションは高まる効果があったと回答している。公私問わずインターネットが自由に使える環境では仕事に対する柔軟性と創造性が高まり、企業にとって役に立つ技術や知識の獲得も容易になり、企業を活性化させる側面があると考えられる。

ツイッターやSNSやブログの職場での使用は、以前は不適切なものであると思われていたが、最近は就職活動や従業員とのコミュニケーションツールとして積極的に活用されている。また、私的利用を全く許さない完全な監視は経営者と従業員の信頼関係を損なう可能性もある。職場でインターネットの私的利用を行っている者は、自宅でそれ以上の時間を仕事目的に利用しているとの調査報告もある。このようにサイバー手抜きには長短両側面がある。また企業の業務内容によっても対処方法が異なると考えられ、一律の規制にはなじまない問題であろう。

2 ブレーン・ストーミング

ブレーン・ストーミングとは

社会的手抜きは、運動のような肉体的なパフォーマンスだけではなく、発想やアイディア創出のような認知的パフォーマンスにも現れることが明らかにされている。その1つがブレーン・ストーミングである。これは集団の創造性を高めるテクニックの1つとしてよく用いられる方法である。

ブレーン・ストーミングは、米国のオズボーンによって開発されたもので、議論を通じて新奇で非凡な、そして想像力あふれる発想を促すテクニックである(7)。議論をするさいには4つのルールがある。その第1は、頭に浮かんだことを内容のいかんにかかわらずそのまま口に出すということである。奇妙な発想ほどよいわけで、他者の顔色や反応を気にする必要はない。第2は、批判や評価をしないということである。第3は、質より量を重視することである。量が増えればその中に質が高いアイディアも含まれている可能性が高い。第4は、他者のアイディアを引き継ぎ、それを膨らませたり変形したりすることである。

ブレーン・ストーミングの利点

ブレーン・ストーミングが創造性開発に有用な理由として、①自由な発想の妨げになっていたさまざまな規制を、批判禁止のルールによって取り除くことができる、②従来、それぞれの専門の立場から参加していた成員が、それぞれに共通する目的を持った同じレベルの立場で参加できるようになる、③会議にゲーム的な面白さが加わる、④これまでは「タブー」視されていた他人とのアイディアの結合、修正を促すことによって、組み合わせによる発想がしやすくなる、⑤ルール、基本さえ理解できれば、技術的にさほど難しくない、といったことが考えられる。[8]オズボーンによれば、ブレーン・ストーミングのルールに従えば「普通の人でも1人で行うよりも2倍のアイディアを考え出すことができる」のである。

ブレーン・ストーミングの開発当初は、このように集団で発想したほうが個人で考えるより成果が上がると考えられていた。現在でも一般的にはそのように信じられている。最近では、企業においてもブレーン・ストーミングが積極的に取り入れられている。社員の創発性を高めるためのコンサルティングに用いられるなど、ブレーン・ストーミングの効果に対する期待は大きいようである。米国でも大学生にブレーン・ストーミングのほうが良いと思うか、あるいは個人が他のメンバーと相互作用をせず独立して考え、それを集めて集団の成果とするような集団（これを名義集団という）のほうが良いと思うかについて聞いたところ、80％が前者であると答えている。これはドイツでもオランダでも日本でも同じであった。

集団は個人よりもほんとうに優れているか

しかし、実際には名義集団のほうが優れていることが数多くの研究を通じて確認されている。たとえば相互作用のある4人集団と名義集団それぞれ12組の集団に対して、アイディア創出を行うように求めた研究がある。[9]相互作用集団はグループでブレーン・ストーミングを行いながらアイディア創出を行った。いっぽう、名義集団は、単独でアイディア出しの作業を行ったあとに相互作用集団と同じ人数である4人をランダムに集めて、その4人のアイディアの総数を名義集団のアイディア創出数とした。すなわち、名義集団においては、相互作用は一切行われなかった。

課題については、次の3種類が用意された。①親指問題（近未来、もう1本の親指が両手に現れた場合の長所と短所）、②ツーリスト問題（自国に観光客を誘致するための案）、③教育問題（生徒の増加による教師不足解決のための策）の3つの課題においてアイディア創出を行った。話し合いの時間は12分であった。

その結果、課題の種類にかかわらず相互作用集団よりも名義集団のほうが、アイディア総数だけでなく独創的なアイディア数も多いということが明らかになった。さらに、集団サイズが増大するほどブレーン・ストーミング集団の成果が悪くなることを明らかにしている研究もある。

それではなぜ、われわれはブレーン・ストーミングのような対面での話し合いを良いものだと思うのだろうか。その1つは自己高揚バイアス（自分は平均より優れていると思い込むこと）により、集団の中での自分のパフォーマンスを他者とくらべて過大評価することによる。

また話し合っているうちに他者の発想を自分の発想と思い込んでしまい、達成感を感じてしまうといったこともありうる。筆者は、ある1つの研究成果に対して複数の研究者が「あのコアの部分は自分が考えた」というのを聞いたことがある。

さらに1人で考えた場合、アイディアが出なくて苦しい思いをすることがあるかもしれない。

それに対して他者と一緒であれば、他者の話を聞いたり、他者に話しかけることもできる。このことが主観的な充実感をもたらす可能性がある。

このようにブレーン・ストーミングは集団のメンバーに主観的満足感をもたらす傾向があるが、実際の1人当たりのアイディア創出数は個人よりも劣るのである。

なぜブレーン・ストーミングの生産性がよくないのであろうか。その原因として、社会的手抜きと同じように動機づけの低下と調整困難性が考えられている。

動機づけの低下

ブレーン・ストーミングでは、創出されたアイディアが集団全体の成果として蓄積されるため、個々の成員の集団への貢献度がはっきりしない。そのために動機づけの低下が生じ、全体の生産性が低下する可能性がある。とくに、集団内に能力の高い他者が存在するなど、集団の生産性に自分の貢献が必要とされていないと知覚した場合に起こりやすい。

集団の動機づけ低下に関する実証的研究が行われている。[10] 被験者は、ある対象物（たとえばナイフや取りはずされたドア・ノブ）の利用法をできるだけ書き出すという課題を行い、創出したアイディアをカードに記入して、集団共通の箱に投入した。カードにはアイディアしか記入しないため、誰がどのアイディアを出したかは識別できない。このような状況で、集団メンバーが同じ対象物に関して作業を行っていると教示される条件と、それぞれ異なる対象物に関して作業を行っていると教示される条件が比較された。

その結果、異なる対象物に関して作業を行っていると教示された条件では同じ対象物に関して作業を行っていると教示された条件よりもアイディアの創出数が多かった。このことは、個人の貢献度が識別できない状況で集団作業を行う場合に、動機づけの低下が生じることを示唆している。それから、このような課題では能力が高いメンバーは低いメンバーにパフォーマンスレベルを合わせてしまう（下方調整）傾向があるともいわれている。自分だけ頑張っても馬鹿らしいと思うのである。

調整の困難性

ブレーン・ストーミングの生産性が低下するもう1つの理由が、調整困難性である。調整を困難にする要因の1つが評価懸念である。これは批判や評価をしないというブレーン・ストーミングのルールにもかかわらず、自分のアイディアが他のメンバーや実験者から不当に評価されることを恐れて、自由で奔放なアイディアの創出を抑制してしまうことである。とくに対人不安の程度が高い人ほど、このような傾向が強くなることが明らかにされている。

調整の困難性の第2が、生産性のブロッキング現象である。これは、相互作用過程で、他者によって思考が中断されたり時間が制限されたりするため生産性が低下することである。

通常の会話場面では、一度に発言できるメンバーはだいたい1人である。ブレーン・ストーミングの場合も同時に複数のメンバーが発言することは難しい。そのため、あるメンバーが発言しているときには他のメンバーは発言することができず、そのとき思いついたアイディアをすぐに集団内で披露することはできない。自分の発話の順番が回ってくるまでアイディアを保持しなければならない。その間、新しいアイディアの発想が阻害されたり、また、思いついたアイディアを忘れてしまったりすることも起こりうる。

いっぽう、個人で作業を行う場合には、アイディアを出すタイミングを考慮する必要がなく、思いついたアイディアをすぐに記録し、そのまま次のアイディア創出に移ることが可能である。この生産性のブロッキングがブレーン・ストーミングでの生産性の低下に最も強い影響を与えるといわれている。

複数のメンバーが対面で発言する場面では、発話のブロッキングを完全に防ぐことは難しい。近年においては、この発話ブロッキングを低減させる方法として、ネットワークを介して集団メンバーが非対面で行う電子ブレーン・ストーミング・システムの開発が行われている。ネットワークを介してアイディアを交換することによって、発話の順番を待つことなく、思いついたアイディアをすぐに集団内に披露できるというものである。これに関して最近多くの実証的研究が行われており、その効果が確認されている。

アイディアの選択

ブレーン・ストーミングではアイディアを創出するだけでなく、その中から質の良いものを選択することも必要である。アイディアの質は、実行可能性と独創性の組み合わせによって分類できる。両方とも低いものは悪いアイディアである。そして両方とも高いものは良いアイディアであり、前者が高くて後者が低いのは平凡なアイディア、前者が低くて後者が高いのはクレージーなアイディアということになる。

これに関してもいくつかの実験的研究が行われたが、相互作用集団のパフォーマンスが優れているという結果は見出されていない。一般に実行可能性と独創性は対立する場合が多く、話し合いをすれば前者に基づいて選択される傾向が強い。話し合いが行われる前に、集団に対して「独創性を意識して話し合うように」といった教示を与えないと、平凡な結論が出てしまうことが多いといわれている。このようにアイディアの質に関しても、ブレーン・ストーミング集団では社会的手抜きの影響が現れる可能性がある。

3　援助行動

なぜ誰も助けなかったのか

2007年4月21日の『毎日新聞』夕刊に次のような記事が掲載されていた。

大阪府警淀川署《よどがわ》は21日、JR北陸線《ほくりく》の富山発大阪行きの特急「サンダーバード」の車内で昨年8月、大阪市内の会社員の女性（当時21歳）に暴行したとして、A容疑者（36）を強姦《ごうかん》容疑で逮捕した。当時、同じ車両には約40人の乗客がいたが、A容疑者にすごまれ、だれも制止できなかったという。調べでは、昨年8月3日午後9時20分ごろ、福井駅を出発した直後に、6両目にいた女性の隣に座り、「逃げると殺す」「ストーカーして一生付きまとってやる」などと脅し、繰り返し女性の下半身を触るなどしたという。さらに、京都駅出発後の午後10時半ごろから約30分間にわたり、車内のトイレに連れ込み、暴行した疑い。女性はトイレに連れて行かれる途中、声を上げられず泣いていたが、乗客はA容疑者に「何をジロジロ見ているんだ」などと怒鳴られ、車掌への通報もしなかったという。

40人もの乗客がいたのに、なぜ誰も助けなかったのであろうか。多くの人がいたにもかかわらず若い女性が暴漢に襲われる事件は米国でも起きていて、その事件をきっかけに援助行動に関する数多くの研究が行われてきた。それによれば人を助けるか否かは、次のような意思決定過程にかかっているとされている。

援助が必要かどうか

その第1はまず、対象者が援助を必要としていることを認知することである。

人々が同じような喧嘩《けんか》の場面に出くわした場合、それを恋人どうしや夫婦の痴話喧嘩とみなすか、あるいは見知らぬ他人どうしの争いとみなすかによって、対応が全く異なることを明らかにした実験がある。(11) この実験では、被験者が質問紙に回答しているとき、廊下で男女が大声で争っているような音（女性が男性に向かって「私に近づかないで」と叫ぶ）を聞かせた。そして結婚していることを示唆する条件では、女性が「私はなぜあなたみたいな人と結婚したんでしょう」という叫びも加えて被験者に聞かせた。

実験の結果、「私に近づかないで」という叫びだけを聞いた場合、援助した人の割合は65％であった。しかし結婚を示唆するセリフが加えられた場合、19％の人しか助けようとしなかった。先述した「サンダーバード」の車内で発生した事件でも、多くの乗客は恋人どうしの痴話喧嘩と勘違いした可能性もある。間違って、痴話喧嘩に介入するのは当事者にとってかえって迷惑かもしれない。またその様子を見ている周りの人から、介入者も騒いでいる仲間であるとみなされるかもしれない。周りの人が介入しないのは、痴話喧嘩とわかっているからだと人々が解釈してしまった可能性もある。

要するに「裸の王様」と似た構図である。ひとりひとりは王様が裸ではないかと疑っているが、裸であることを指摘する人がいないので、「他の人は裸だと思っていない」と思い込み、裸であることを誰もいわないということになる。このような心理的メカニズムを多元的衆愚と呼ぶ。多元的衆愚は、社会的手抜きのモデルに当てはめれば「努力の不要性」の認知と関連しているものと考えられる。

個人的責任があるかないか

第2は個人的責任を感じるか否かである。それを明らかにした海水浴場での実験がある。[12] 被験者のそばに若い女性（サクラ）がシートを敷いて、その上にラジオを置き音楽を聞きはじめる。しばらくして、その女性はラジオを置いたまま泳ぎに行ってしまう。間もなく見知らぬ男（サクラ）が来てラジオに気づき、持っていこうとする。そのとき、被験者がどのようにするのかを観察した。

実験の結果、女性が泳ぎに行く前に「ラジオを見ていてもらえないか」と頼んだ場合は95％の人が男を追いかけ、説明を求めた。いっぽう女性が何も頼まなかった場合は20％しかそのような行動をしなかった。個人的に責任を問われることがなければ、すなわち「評価可能性」が低ければ、泥棒をつかまえるような面倒なことにはかかわらないことになる。「サンダーバード」車内の事件でも、もし女性が乗客の特定の個人に援助を求めていたなら、このようなことにはならなかったかもしれない。

責任の分散

個人的責任を感じるか否かには、そばに他者がいるかどうかも影響する。大勢の他者がいたなら、ほとんどの人は「誰かが車掌に声をかけてくれているだろう」と思ってしまった可能性がある。すなわち乗客間で責任が分散してしまっていたのかもしれない。

責任の分散に関する実験が、ニューヨークのある小売店で行われた。[13] 実験は店員が商品を取りにレジから離れたとき、屈強そうな2人の若い男（サクラ）が入ってきて、小声で「盗んだってわかりはしねえ」と言ってビールのケースを持ち去るというものであった。そのとき、客がどのように反応するかを見たのである。実験の結果、被験者が1人の場合にくらべて、被験者以外にもう1人の客がいた場合は、店員に知らせる割合が明らかに減少することがわかった。

東京砂漠という言葉がある。これは大都会の冷たい人間関係をイメージさせるものである。大都市より小都市のほうが、見知らぬ人が助けられる確率が高い可能性がある。[14] また援助者の特性として、どこで育ったかというより、現在の住居がどこにあるかということのほうが援助行動に影響することも明らかになっている。

さらにオーストラリアの都市の規模（1000人未満、1000〜5000人未満、5000〜2万人未満、2万〜3万人、100万人以上）と援助行動（間違った道案内をされた人に正しい道を教える、落ちていた封筒を投函《とうかん》する、足をけがしている人を助ける、多発性硬化症という難病に関する寄付をする）の関係について調べている研究もある。[15] それによればほとんどの援助行動について、都市規模が大きくなるほど、援助する人の割合が次第に低下していくことを明らかにしている。大都会は人が多いので人間関係が希薄になり、責任も分散しがちで、たとえ困ってい

図3-2
ガルーダ航空機炎上の様子（提供・共同通信社）

る人がいても助ける人は少なくなるということであろう。

ただしこのような責任の分散は、単に人数が多ければ生じるというものでもないようである。集団の中での個人の役割が明確な場合や社会的地位が高ければ、たとえ多くの人がいても責任感が希薄になることはなく、援助行動の手抜きをするようなことは少ないことが次のような緊急事態の事例研究から確認されている(16)。

リーダーシップの発揮

ガルーダ航空機865便は1996年6月13日に福岡空港で離陸失敗事故を起こしている。離陸滑走しているときに、エンジン故障に気づいた機長が機体を無理に停止させようとしてオーバーランし、大破した。275名の乗客乗員のうち3名が死亡し、18名が重傷、91名が軽傷を負った。事故後間もなく機体は炎上しており、迅速に脱出しなければ生命が危うくなるような緊急事態であった。機内は激しく損壊し、とくに後方では天井パネルが落下した。荷物や座席が散乱し、床下からは火が噴き上げてきた。また黒煙が充満し、見通しも悪く呼吸もしにくい状態であった。とくに最後部付近では機体に亀裂《きれつ》が生じ、床が陥没したりしていた。天井や壁の下敷きになり身動きできなくなった乗客もいたということである。

事故後間もなく（1996年6月17日〜7月14日）筆者らは219名の乗客に面接調査とアンケートを実施した。その結果、ひどく損壊した機体後方でリーダーシップを発揮する人が多く（16名）出現した。リーダーのほとんどは、日ごろリーダー的立場にいる人（会社経営者、医者）であった。リーダーは悲鳴が飛び交う中で、大声で「落ち着いて、大丈夫だ」「荷物を置いて早く逃げるように」「爆発するかもしれないから、機体から遠ざかるように」などの指示をしている。それを聞いた乗客は「その声を聞いて落ち着いた。あれは天の声だと思った」と証言している。

この研究の結果から、日常、指導的立場にある人が緊急時でもリーダーシップをとることが明らかになった。上司は上司として、父親は父親として、その役割を果たそうとする傾向がある。よほどのことがない限り、責任が分散するとか、日常の役割を放棄して自己中心的振る舞いをすることはないようである。

さらに、日常の絆《きずな》がある集団では、緊急事態で援助行動の社会的手抜きが発生することはないようである。この飛行機に乗り合わせた乗客のほとんどは会社員や病院職員で、それぞれインドネシア・バリ島へ向かう慰安旅行に参加していた。すなわち乗客間で互いに面識があった。そして激しく損傷した機体後方ほど援助を受けた人の割合が多いことがわかった。助けられた人の証言として「座席に足を挟まれて身動きできなくなり、人々に踏み倒されそうになったとき、友人に助けてもらった」「親族・知人に励まされた」「子どもの泣き声に気づいた知人が声をかけてくれたので、子どもを手渡し、ついでに亀裂のほうに滑り落ちそうになった自分も引っ張り上げてもらった」などがある。

このような証言から、知人や友人や家族等の他者の存在の重要性が明らかになった。すなわち、そのような集団の存在がリーダーシップの発生を促し、責任の分散を防ぎ、相互の助け合いを促したようである。親しい人の呼びかけで我に返ったと報告している人もいる。自分の名前を呼ばれることほど心強いことはないようだ。助けるほうも〝誰か助けて〟といわれる場合よりも〝誰々さん助けて〟と呼ばれるほうが、責任を感じるのかもしれない。

パニック脱出実験

人間関係の絆の存在が緊急事態での責任の分散を防ぎ利己的な行動を少なくすることが、実験によっても確認されている。

実験は、多数の人が短時間で脱出する必要があるが、狭い出口が1つしかないために出口で

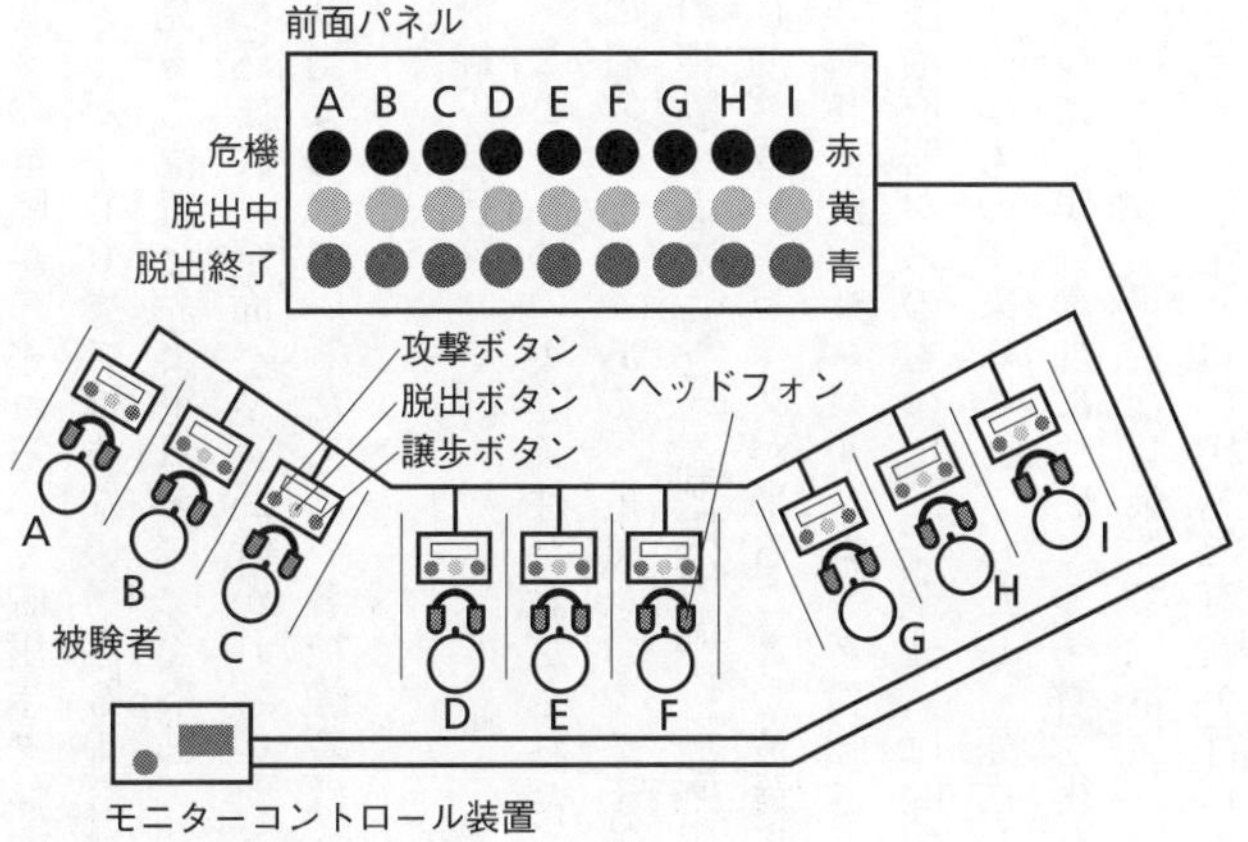

図3-3

隘路状況設定装置

詰まったり、混雑が生じて脱出がスムーズにいかないような状況が設定された。具体的には制限時間内に脱出しなければ、かなり強い電気ショックが与えられるという教示によって、恐怖状況を作り、さらに暗室にした実験室に被験者を1人1人ブース（AからIまでの9個）に隔離して着席させた。被験者が手《て》許《もと》の脱出ボタンを100回叩けば脱出に成功する仕組みであるが、そのとき他者が同時に脱出ボタンを叩きはじめれば、当人の進み具合を知らせるカウンターがストップしてしまう。このような混雑が生じた場合には攻撃用のボタンを押すことによって相手を蹴《け》落《お》として自分を優先させること、あるいは譲歩ボタンを押して他者を優先させることのいずれかができるようになっていた。このような状況においては、被験者は皆一刻も早く電気ショックの危険から逃れるべく脱出ボタンを叩くのであるが、他者の妨害に遭ってなかなかカウンターが100まで進まない。図3－3は実験装置の配置図を示したものである。全被験者から見える位置に赤（電気ショック接近）、黄（脱出反応）、青（脱出成功）のパイロットランプが埋め込まれた全面パネルが置かれていた。すべての被験者に1人ずつ、この3種類のランプが割り当てられているために、各被験者はその瞬間の全員の状態を知ることができた。

絆の有無

ここで4つの実験条件が設定された。電気ショック予告の有無と、被験者相互の面識の有無の組み合わせである。電気ショック予告あり条件では、被験者に対して「この実験が避難行動の実験であること」「制限時間内に脱出しなければ電撃が与えられること」などについて説明した。電気ショックが来ることを被験者に信じてもらうために80ボルトのサンプルショックを一瞬与えた。サンプルショックの強さは指先がピリピリする程度である。このショックは低周波治療器からのもので、安全性には問題がない。その後「脱出に失敗すれば、このショックの5倍のものが来ること、ただし、死亡したり、気絶する危険はないこと」などの説明を行った。最後に、実験参加についての了解を得た。

いっぽう、予告なし条件では電気ショックに関する教示は行われなかった。しかしその他は予告あり条件と同じ状況で実験が行われた。

また、面識あり条件では、実験の1週間ほど前に「自分の名前の由来」「子どものころ」「抱負」のそれぞれについて3分間、他の実験参加予定者の前で発表し、互いの印象について書いた紙を交換するような機会を設けた。この場では、被験者の笑いやうなずきが観察された。被験者相互の面識なし条件では、このような自己紹介は行われず、実験当日も顔を合わせることはなかった。

表3－1は実験結果を示したものである。電気ショックの恐怖がある場合でも被験者間に面識があれば相互攻撃はあまり見られず、比較的スムーズな脱出が行われた。ガルーダ航空機事故でも、互いに面識がある人が多かったために、助け合い等の利他的行動が生じたのであろう。

●表3-1

集団成員間の絆・物理的脅威の有無と脱出成功率

電気ショック	集団成員間の絆	
	面識なし	面識あり
あり	11%	64%
なし	44%	48%

いっぽう、電気ショックの恐怖があるのに面識がない場合は、著しく成功率が低下した。ガルーダ事故と似たような航空事故でも、乗客間の絆がなければ、状況は違ったものになる。1993年5月2日夜羽田空港で起きた全日空機事故では、乗客はパニック状態で非常口に殺到したということである。男性客を中心にわれ先に降りはじめたためシューターの出口が団子状態になって、後ろからけられたり、押し出されるように滑走路に落ちたりした人もいたという（1993年5月3日『朝日新聞』朝刊）。

集団成員間に日ごろの絆がない場合は、生命の危機に瀕《ひん》したとき、責任の分散が生じて自己中心的になり、援助行動の社会的手抜きが生じるのではなかろうか。

ただし、個人的責任を感じていても能力（社会的手抜きに関する理論の「道具性」）がなければ援助行動は起きないことも考えられる。銀行強盗や、凶器を持った強盗などの凶悪犯罪に遭遇してそれを阻止しようとした人32名を選び、深層面接（無意識の部分まで明らかにする面接）を行った研究がある。(17) 面接対象者のうちの31名は男性で、しかもほとんどが体が大きく、強くて攻撃的で、緊急事態に対処するための訓練を受けた経験がある人であった。そしてこの人たちはヒューマニズム的観点から被害者を助けようとしたのではなく、自分の強さやトレーニングをしたという自信、そしてそれに由来する責任感や能力から行動したことが明らかになった。「サンダーバード」車内の事件で援助者が出現しなかったのは、そのような能力を持った人がいなかったということでもあろう。

援助の利益とコスト

援助活動をするかしないかを決める第3の段階は、コストと利益を天秤《てんびん》にかけることである。助けることによって感謝されたり、他の人から賞賛されたりすればそれは利益となるが、暴漢から殴られたり傷つけられる可能性があれば、それはコストとなる。それから、助けないことによって罪の意識を持ったり、他の人から臆病者《おくびょうもの》だと思われたりすることもコストになる。

この段階は社会的手抜きに関する理論の「評価可能性」(自らの貢献度が他者にもわかる)と関連しているといえるだろう。先述したような緊急事態の場合も、人々の間に日常の絆があれば「評価可能性」の要素が高くなるために援助行動が現れやすくなることが考えられる。

援助方法の決定

第4の段階は、どのように助けるかを決定する段階である。暴漢がいることを車掌に伝えるのか、自分が体を張って暴漢の行動を阻止するのか、あるいは周りの乗客に声をかけて協力して立ち向かうのか決定しなければならない。

このように援助行動が行われるか否かは、いくつかの段階を経て意思決定されることが考えられる。そしてその意思決定には、社会的手抜きと同様のメカニズムが影響している可能性がある。

4　教室での問題行動

奨励規範と禁令規範

援助行動は、社会的に望ましい奨励されるべき行動である。いっぽう、授業中の居眠りや私語、試験中のカンニングは、社会的に望ましくなく禁止されるべき行動である。このような価値判断は集団規範に由来している。集団規範とは、成員が共有している標準的な考え方や行動様式のことであり、明文化されている公式のものと、そうではない非公式のものがある。これらは集団成員の行動を方向づけたり、相互作用の型を規定したり、他者の行動を予測する手がかりを与えたりする。

行動の方向づけに関連する規範として、奨励規範と禁令規範がある。[18] 奨励規範は善行を勧める規範のことであり、禁令規範は悪行を戒める規範のことである。この2つの規範はいずれも命令的規範であり、規範に従えば評価され、従わなければ直接的・間接的な罰が与えられる。そのために他者からの評価可能性が低ければ、奨励規範と関連した行動は出現しにくくなり、逆に禁令規範と関連した行動は多くなることが考えられる。ここでは授業中の問題行動である居眠り、私語、カンニングを取り上げ、社会的手抜きの観点からこのような現象を吟味する。

居眠り

われわれはいつも気を張り、全力で目標を達成しようとしているわけではなく、日常の大部分の時間はいわば弛緩《しかん》した状態にあるものと考えられる。授業中の学生の居眠りは、社会的手抜きが発生する状況と同様の要因、すなわちたくさんの受講者の存在による責任の分散と評価可能性の低下が働いていると考えられる。

もっとも居眠りをするのは学生だけではない。しばしば国会議員の居眠りも問題になる。1

9８5年2月14日『朝日新聞』朝刊には「衆院予算委の公聴会は息抜きデー？」といった見出しのもとに次の記事があった。

居眠り、無駄話、読書……国政の重要問題について有識者の声を聴く衆院予算委員会の公聴会が十三日終わったが、この二日間、委員席の各党議員は何よりの息抜きの時間を過ごしたように見える。閣僚席は空っぽ。政府委員席も大蔵省の主計局次長が交代で顔を出す程度。国会法で義務づけられた公聴会だが、公述人の意見は、果たしてどこへ届くのやら――。

国会議員でも居眠りをするということは、公共の場所での居眠りが許容される暗黙の規範が日本には存在しているのかもしれない。ウィーン大学助教授ブリギッテ・シテーガと京都大学助教授重田真義による日本人の居眠りに関する次のような議論が、２００6年10月7日の『朝日新聞』夕刊に掲載されていた。

シテーガ氏によれば日本に来た外国人は、日本人がどこでもおかまいなしに「居眠り」するのに驚くという。電車の座席、教室の机、会議の席上など、じっと目を閉じているだけでなく、うつらうつらと「舟をこぐ」人も珍しくない。職場で仕事中や会議中に居眠りをしても、厳しくとがめられることは珍しい。日本人は「公的な場での居眠り」に寛容であるようだ。シテーガ氏は「日本では、その場に『居る』ことが大事でそれが一定の義務の履行と見なされて『居眠り』が容認される」と解釈している。また、他人の居眠りをあまり不快だと思わず、勉強や仕事による疲労を心配したりする。欧米人であれば、仕事や勉強は昼間に済ませ、夜は眠るのが当然だと考える。昼間から居眠りをすると「怠け者」だと見なされてしまう。外国人教師の中には「なぜ日本の学生は授業中に眠るのか」と怒りを覚える人もいるらしい。それに対して重田氏は日本では公的空間の扱い方が微妙に欧米と違うと述べている。例えば他人の居眠りを見て「大変そうだな」と思うのは、日本的な「慮《おもんぱか》り」である。この「慮り」が時と場合によって「公的な空間」での「私的な行為」を許容しているかもしれないというのである。

このような居眠り行動は高校でも確認されている。日本青少年研究所の国際比較研究によれば、授業中に居眠りをしたことがあると回答した高校生は日本が81%で米国53%、中国52%、韓国91%であった[19]。日本と韓国は居眠りの割合が高い。この結果の解釈として、第1は前記のような文化的要因の影響、第2は受験システムの影響が考えられる。日韓は大学入試の受験競争が米中にくらべて厳しく、教師も生徒の居眠りを容認し、その影響が現れている可能性がある。第3は自分や自分の行動のネガティブな面を強調し、ネガティブに評価することを是とする自己卑下傾向がとくに日本人は強く[20]、その表現の仕方がこの結果になっている可能性もある。というのは日本青少年研究所の調査によれば、自分が優秀であると思っている高校生の割合は日本が15%、米国88%、中国67%、韓国47%であった[21]。また親が自分を優秀だと思っている割合は日本が32%、米国91%、中国87%、韓国64%であった。いずれにしても日本の高校生は外国の高校生にくらべて自己評価が低い。質問紙に対する反応傾向の違いがこのような回答をもたらしているものとも考えられる。

私語

居眠りは、授業中の不適切行動としては程度の軽いものだと考えられる。それに対して私語は他者に及ぼす影響が大である。かなり以前から大学をはじめとする授業中の私語が増えたという報告が多くなされ、問題になっている。ただし、授業中に私語をしていると回答した高校生は日本が72%、米国92%、中国70%、韓国85%であった[19]。高校のレベルでは、日本における私語が突出して多いとはいえない。それでも7割以上の生徒が授業中に私語をしているようである。

授業中の私語や成績と座席位置の関連についての研究[22]によれば、教室後方ほど授業と無関連の私語の頻度が高く、また友人の数も多くなる傾向があることがわかった。教室の後方に着席している学生の成績や学習意欲は低く[23][24]、友人の数だけでなく学習意欲の低さの表れとして私語が生じたとも考えられる。教室の後方は教師の目が届きにくく、授業中に手抜きをしようとしている学生にとっては格好の場所となっているのである。

カンニング

教室における社会的手抜きのうち、居眠りや私語は怠学行動としては反社会的色彩は強くはないが、カンニングは明らかに反社会的行為である。そのためにカンニングが事件として報道されることがある。とくに有名人や有名大学のカンニング事件は大衆の興味をそそるものである。石川啄木《いしかわたくぼく》がカンニングによって中学を退学させられたという話や、2011年2月に実施された京都大学入学試験で起きた携帯メールを使った事件、2012年の米国ハーバード大学の期末試験における集団カンニング（100名以上がかかわった）事件はその例である。カンニングの歴史は古く、中国の官吏登用試験である科挙でも行われていたということである。発覚すれば死罪になることもあったようだが、カンニングはなくならなかった。

カンニングの方法はさまざまで、ある調査によればカンニング・ペーパー（32％）、机や文具等への書き込み（24％）、わき見（23％）、答案の交換（6％）、携帯電話など電子機器の利用（5％）などであった。[25]

カンニングの国際比較

それではカンニングは実際どのくらいの割合で行われているのであろうか。日本青少年研究所の調査によれば、「それほどカンニングを悪いことだと思わない」高校生の割合は日本が3・3%、米国8・8%、中国4・8%、韓国2・2%であった。このように高校生では米国においてカンニングに対する罪悪感がやや低い傾向が見られた。欧米における大学生のカンニング経験率は3%[26]から98%[27]まで研究によってかなり異なるが、2005年に米国とカナダの61大学1万8000名を対象にした大規模調査の結果では70%ほどであったことが明らかになっている[28]。

いっぽう、わが国で行われた首都圏の偏差値50前後の一般的な大学生274名に対する調査によれば、カンニングの経験があると回答した学生の割合は36%であった[25]。それに対して、全国20大学2700名を対象にした調査では7%ほどであった[29]。

このように、調査によって差がある原因として自己申告の問題がある。所属集団の集団規範がカンニングに受容的であれば、回答者は実際よりも過大に報告することが指摘されている。しかしいずれにしても大学ではかなりカンニングが蔓延《まんえん》しており、日本よりも米国のほうがカンニングに受容的のようである。

カンニング実験

カンニングの研究方法としては調査が主であり、実験的研究は少ない。その中で小学3年生

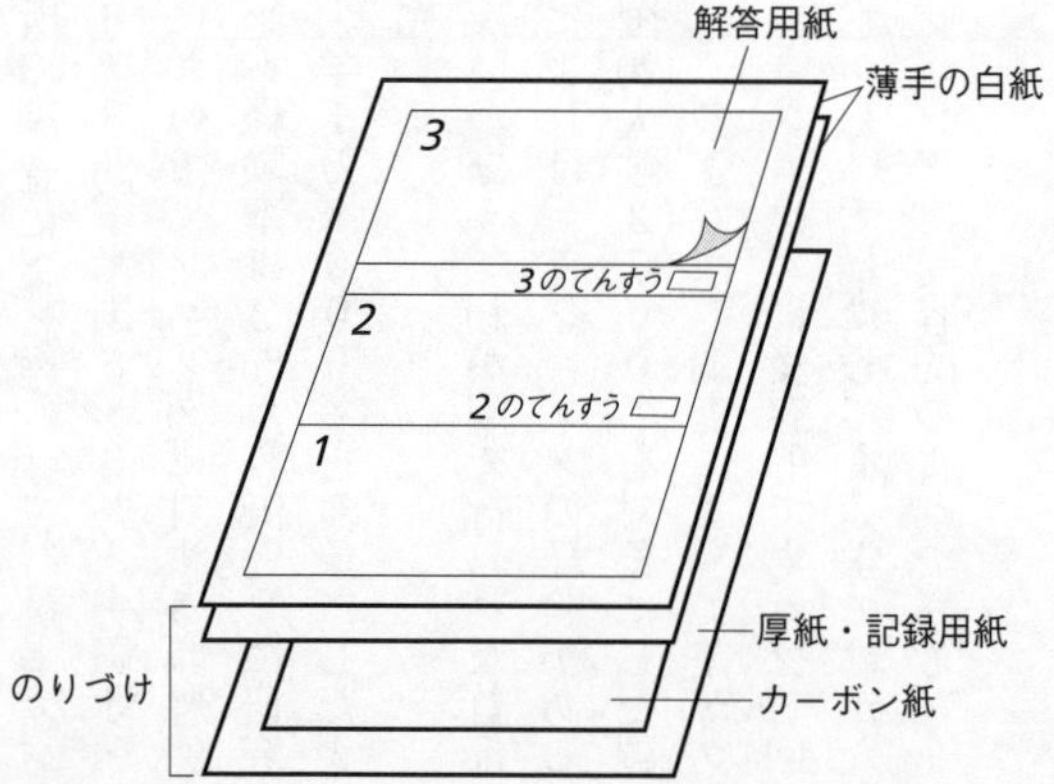

図3-4
不正行為を検出するためのテスト盤(氏家, 1980)

と5年生を対象として点数の不正申告割合を調べている実験的研究がある。[30]

この研究では図3－4のようなテスト盤が作成されている。B5の厚紙の台紙に記録用の白紙を糊《のり》づけし、その上にカーボン紙を重ね四隅を糊づけして固定する。さらにその上に2枚の薄手の白紙をその周囲にだけ糊づけして、たるみのないようぴったりと貼りつける。さらに、図のような3つの数列記述欄が印刷されている白紙を糊づけしている。最後にその上に上側だけ糊づけされていて簡単に台紙からはがれる3分の1のサイズの白紙を貼っている。中央の数列記述欄の右上部には「3のてんすう」と書かれた桝目《ますめ》(解答欄)があり、そこに自己採点した第3問の正答数を記入させた。

問題は15桁の数列の記憶再生課題で、数列は3つ用意された。実験者は数字を15個読み上げ、読み上げた順番に数列記述欄に書くように伝えた。解答開始は読み終えてから5秒後であった。15個の数字それぞれについて採点し、正答数を解答欄に記入した。不正行動の指標として用いられるのは第3の数列の正答数である。第3問に対する解答（数列の記述）が終わるとすぐ、被験児は各自その数列記述欄を台紙から引《ひ》き剝《は》がした。そして、黒板に板書された正解に照らして自己採点を行った。そのとき、自己採点はテスト盤の上ではなく、机の上で行わせた。そうすることで、カーボン紙を通して記録用紙に記録されている数列（これで真実の正答数がわかる）と申告された正答数を比較することができる。引き剝がした数列記述欄は提出する必要はない。実験者に提出するテスト盤の数列記述欄は真っ白であり、被験児は自分の真の点数が実験者に知られるとは思っていない。

実験の結果、不正申告者（1個以上不正申告した者）の比率は、3年生35%、5年生40%であった。不正申告個数平均値は3年生男子が2・57個、女子1・83個であり、5年生男子が1・8個、女子3・05個であった。個数に関しては女児のほうが年齢とともに増加する傾向が見られた。この結果によれば、カンニング行動に性差があるようである。

カンニングの男女差

米国で行われた性差に関する研究は、1980年代初期までは女性のほうが男性よりカンニングが少ないということを明らかにしたものが多かった。しかしそれ以降に行われた研究では性差はほとんど見出されていない。このような変化の原因は女性の行動に関する規範の変化が考えられる。1980年代までは女性の反社会的行動に対する評価は男性よりも厳しかったように思われる。もし、女性がカンニング行為で摘発され留年したとなれば、それはおそらく一生の汚点となったであろう。

しかし現代では、そのような評価の男女差はほとんどなくなったのかもしれない。それから成績が良い者ほどカンニングが少ないという傾向がある。たとえば大学の成績の指標であるGPA（成績をS、A、B、Cの4段階で行い、平均化したもの）とカンニングの関係はマイナスの相関があることが明らかにされている。1980年代までのカンニングと性差の関係の背後には成績差があったのかもしれない。以前は女子学生のほうが真面目で成績が良いといわれていた。しかし女子学生の比率が増大した現在では、必ずしもそのようにはいえないのでないだろうか。先述したように筆者の調査（大阪大学一般教育課程の受講者が対象）では、試験の前に友だちにノートを借りる頻度に男女差は見出されなかった。

それから個人的要因として、年齢やパーソナリティも考えられるが、これについてははっきりした結果は見出されていない。

カンニング防止に何が有効か

それでは、カンニングを防ぐためには何が有効なのだろうか。たとえば罰を厳しくしてもあまり効果はないことが明らかにされている。いっぽう、監視体制の強化（受験者に対する監督者の割合の増加、カンニングの機会の低下、成功率の低下、リスクの上昇）についてはある程度の効果が見出されている。

また、倫理綱領の存在の効果が大きいことも示されている。たとえば、次のようなバージニア工科大学の倫理綱領（http://filebox.vt.edu/users/chagedor/biol_4684/honor.html）がある。

本学の倫理綱領は次のような学業上の不正を禁止することを公的に表明したものである。

＊カンニング：カンニングはテストやホームワークを含めた学業上のさまざまな課題を行うさいに不正な援助や便宜を与えたり受けたりすることを含む。

＊剽窃《ひょうせつ》：剽窃は他者の言葉や構想やアイディアをコピーして、自分のオリジナル・ワークとしてしまうものである。

＊捏造《ねつぞう》：捏造は学問や学業に関連した虚偽の報告（文書や発表）である。公文書の偽造や改竄《かいざん》、故意に文書の一部に情報を付け加えたり削除したり、あるいはテストのあとに解答用紙に手を加えたりすることも含む。

学生自治会はこの倫理綱領のいかなる違反も容認しない。入学を許可されたすべての学生はこの倫理綱領に従うことを誓約しなければならない。倫理綱領に反する行為をしたことが明らかになった者は、担当部局により罪を犯したものとして告発される。

このような倫理綱領の存在を学生に認識させるような、日ごろのコミュニケーション(たとえばシラバスに記載するとかテストの前に読み上げること)が大切であることが指摘されている。とくに倫理綱領と罰則の組み合わせが効果的であることが明らかになっている。

結局、カンニングの防止には社会的手抜きの規定要因である評価可能性、道具性、努力の不要性などがかかわっていると考えられる。勉強するよりカンニングするほうが単位を取得するのに効率的(道具的)であると受験者が判断すればカンニングが増えるであろうし、また明確な倫理綱領がなくて規範が緩く、そのために多くの他者がカンニングによって単位を取得していると受験者が認知すれば、自分だけ真面目に努力することを馬鹿らしく思う(努力の不要性を感じる)であろう。さらにカンニングしても発見(評価可能性)されないと思えば、カンニング行動に対する閾値《いきち》は低下することが考えられる。

5 リスク行動

多重チェックの落とし穴

一歩間違えば人の生死にかかわる重大な事故を誘発しかねない作業、たとえば医療現場や原子力発電所では単一の作業や操作に対して複数の人が確認を行うことが多い。すなわちダブルチェックやトリプルチェックを行う。もし1人が100回に1回の割合でミスをするのであれば、ダブルチェックをすればミスは1万（100の2乗）分の1となり、安全性は格段に高まるはずである。

しかし社会的手抜きと同様に、集団サイズ（チェックをする人の数）に比例して、集団全体の安全性が高まるとは限らない。多重チェックをしていても横浜市立大学附属病院の手術患者誤認事故（1999年）のような事故が発生することもある。この事故では、手術前に病棟看護師、手術室看護師、麻酔科医、主治医、外科医など複数の職員が患者の確認を行ったにもかかわらず患者が取り違えられてしまった(31)。

また2012年9月18日に、福島第一原子力発電所事故発生後、最後の内閣府原子力安全委員会が開催されたが、その終了後の記者会見で班目春樹《まだらめはるき》委員長は「経済産業省原子力安全・保安院とのダブルチェック体制で原発の安全性を厳格に審査するとしてきたが、それが形骸化《けいがいか》していた」と述べている（『日本経済新聞』2012年9月18日夕刊）。すなわちダブルチェックが機能していなかったことを行政の責任者が認めたのである。

安全性を高めるための施策が必ずしもその目的を達成しないのは、集団内で社会的手抜きと同様の心理的メカニズムが働いているためであろう。すなわち集団成員の努力の不要性認知（他の人が確認しているのだから自分が一生懸命確認の努力をする必要はない）が高く、逆に、評価（自分の努力が他者から認識され、評価される）可能性や道具性（自分個人の努力が全体の安全の向

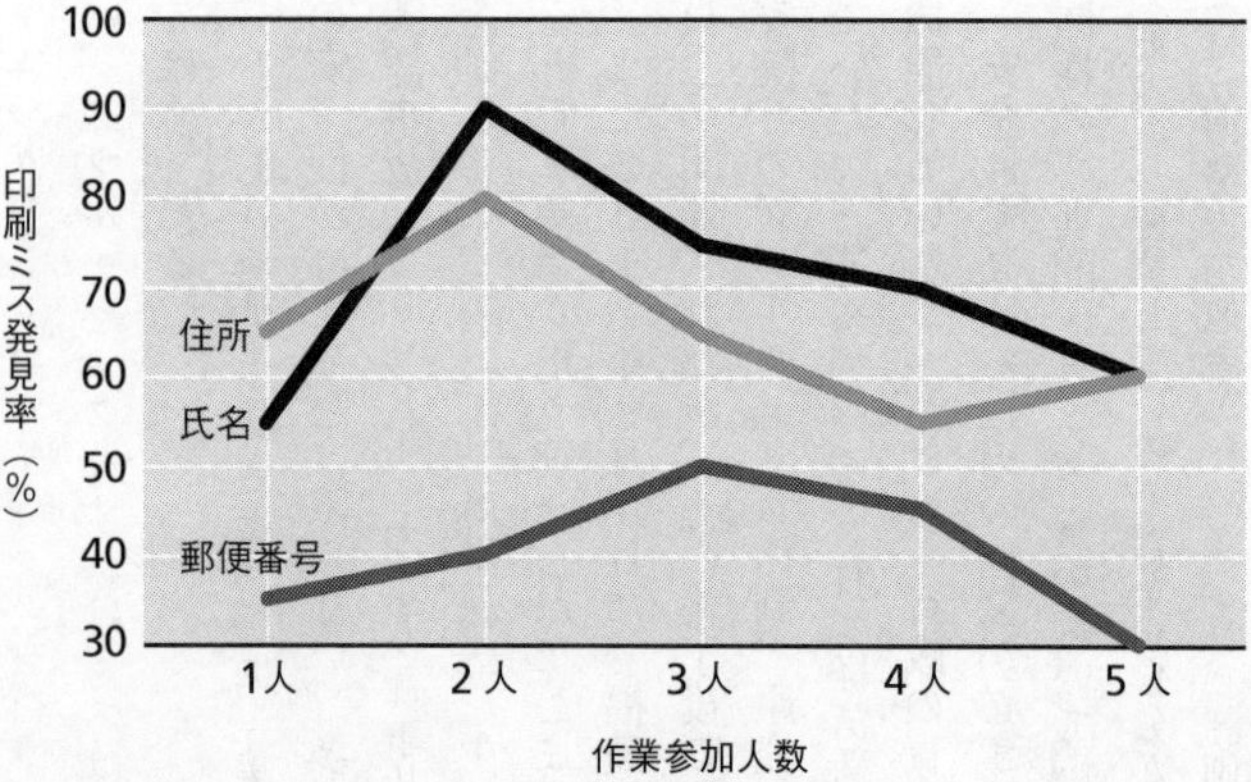

図3-5
作業参加人数と印刷ミスの発見率（島倉・田中, 2003）

上に役立っている）認知が低いことが考えられる。また複数の人が関与することによる責任の希薄化（分散）もありうる。

多重チェック実験

多重チェックが安全性の向上につながらないことを示した実験的研究がある。(31) この実験では複数の被験者が間仕切りのある机に1列に並び、封筒に印刷された住所、氏名、郵便番号を住所録に照らし合わせて順に確認する作業を行った。300通の封筒の中に印刷ミスがある封筒が3通含まれていた。たとえば住所録（正）の郵便番号は「228－8520」であり封筒の番号（誤）は「228－8500」であった。住所に関しては正が「東京都豊島《としま》区目白《めじろ》2－3」であり誤は「東京都新宿《しんじゅく》区目白2－3」、氏名は正が「斉藤康文」であり、誤が「斉藤康則」であった。チェックは1人で行う場合から5人で行う場合まで、5段階の多重チェック条件を設定した。

図3－5は印刷ミスの発見率を示したものである。この図に示されているように、作業に参加する人数に比例してグループ全体としてミスの発見率が上昇しているわけではない。氏名や住所に関しては2人の場合が発見率が最も高く、郵便番号に関しては3人が最高になっている。この実験結果は、3重以上のチェックをすればかえって全体のミスが発生する割合が高くなることを示している。

リスクホメオスタシス

これに関して、リスクホメオスタシスという考え方がある。(32) これは前述のようにチェック体制を多重化したり、安全技術を導入したりすることによりリスクが低下したと認知すると、かえって人間の行動はリスクを高める方向に変化するというものである。

車にABS（アンチ・ロック・ブレーキ・システム）がついている場合と、ついていない場合の事故件数や運転行動を比較した研究がある。(33) ABSは急ブレーキをかけたときなどにタイヤがロック（回転が止まること）しないようにすることにより、車両の進行方向の安定性を保ち、ハンドル操作で障害物を回避できる可能性を高める装置である。

比較の結果、ABS車と非ABS車の間に、事故の件数も大きさも差は見られなかったが、前者は後者にくらべて、急減速、急加速の頻度が多く、合流のさいの調整が乱暴なため周りの交通を混乱させることが明らかになった。

その他にも視認性を高める装置を用いたシミュレータ実験では、ドライバーが夜間や霧の条件でも速度を落とさないことや、信号のない交差点で横方向からの接近車を知らせる情報を提供すると左右確認回数が減少することがわかった。このように他者の介在や機器の進歩により安全性が高まると、安全に対する動機づけが低下するというパラドックスが発生する可能性がある。大船に乗った気持ちになると、社会的手抜きをして楽をしようということになりかねない。

ルーチン化の呪縛

最近、無人でも運転可能な完全自動化された車が開発されている。航空機も自動化が進み、離着陸を除いてはほとんどオートパイロットにより操縦されている。このような機器の進歩が安全性を高めていることは間違いないが、そのために操縦者の仕事はもっぱら計器のモニター作業というルーチン作業になってしまっている可能性がある。これは滅多《めった》に間違いをしない他者の仕事を延々とモニターするという社会的手抜きを促進する状況と似ている。

そのようなルーチン作業下で、もし緊急事態が発生したり、機器が正常に作動しなくなったとき、操縦者が、動機づけが低下した状態を一挙に脱し、しかも冷静に行動を律することがで

●表3-2
水瓶問題(Luchins, 1942)

問題	与えられた枡			汲むべき量	回答
	a	b	c	d	e
1	21	127	3	100	
2	14	163	25	99	
3	18	43	10	5	
4	9	42	6	21	
5	20	59	4	31	
6	26	55	3	23	
7	23	61	5	28	
8	21	53	11	10	
9	25	92	14	39	

きるであろうか。もちろん航空機の場合は、あらゆる緊急事態を想定した操縦訓練が繰り返し行われている。しかし機器に対する信頼性が高い状況では、訓練が現実の緊急事態の対応行動に負の影響を与える可能性はないであろうか。すなわち訓練すればするほど、いざというときの行動の柔軟性が失われて、訓練で想定した以外の事態が発生したときに対応行動がとれないという、ルーチン化の呪縛《じゅばく》に陥るということはないであろうか。

ルーチンスの水瓶問題

米国のルーチンスは表3－2のような水瓶《みずがめ》問題を考案した[34]。これは与えられた3つの枡《ます》を使って、要求された量の水を汲《く》み上げる問題である。たとえば問題1は21、127、3の3つの枡で100を測って汲むという問題で、127－21－3－3で100となる。同様に、全問題がb－a－2cで解くことができる。

ただし、第6問以降はa－cやa＋cのような単純な方法でも解くことができる。しかし、同じ方法で解くことに慣れてしまっていたり、余裕がなかったりすれば、このような方法に気づかないのである。このことは繰り返し訓練することの危うさを示唆している。

第4章　国家と社会的手抜き

社会的手抜きは日常生活で起きるだけではなく、社会や国家のレベルでも発生している可能性がある。ここでは生活保護、国家財政、投票行動、戦時の集団意思決定などの問題について社会的手抜きの観点から分析する。

1　生活保護と公共心

生活保護費の不正受給

国家レベルの問題としては、たとえば生活保護や福祉の問題、投票率の問題などがある。これらはいずれも27頁の図1－4に示している、当事者の努力の不要性、道具性、評価可能性、報酬価の認識と関連していると思われる。

2011年度の生活保護費の受給者は205万人、保護費は3兆3000億円で国の税収の

12分の１、１家庭当たり毎年５万円以上を生活困難な人たちのために支払っているということである[1]。生活保護費受給世帯のうち、高齢者、母子、障碍者《しょうがいしゃ》、傷病者世帯が全体の83%を占め、それが大部分であるが、最近は働く力がありながら生活保護を受けている人たちが17%いて、これが急増しているということである。このようになったのはリーマンショック後の不況がきっかけで失業者が増加したことによる。２００８年の暮れ、日比谷《ひびや》公園には年越し派遣村ができ、寒風の中、炊き出しを受ける姿などが繰り返し報道された。もし凍死者が出るとなると、政治的に大問題になることを恐れた厚生労働省は２００９年３月の通達で、働く能力がある人も受け入れることを認めるような文書を地方の担当部局に出している。働く能力がある人の中には、真面目に職探しをしている人もいるが、不正受給者もいるとされる。

生活保護費の不正受給者は、社会の一翼を担い、社会に貢献するという認識や働くことが自分の生活を充実させるという認識、努力が認められ評価されるという認識の欠如（逆にいえば働かなくても保護費という一定の報酬を得ることができ、そのことで不利な立場に置かれたり、公になったりすることはないという認識の保持）、さらに仕事自体に価値を見出せないなど、社会的手抜きのすべての要素を持っていることが考えられる。

いったん生活保護を受けると、そこから抜け出すのは難しく、その割合は受給者の２%ということである。大阪市の資料によれば、受給期間が長くなるほど抜け出すことが難しくなり、保護開始後半年では15%、１年８%、１～５年６%、５年以上１%、10年以上０%となっている。このようなことになるのは、生活保護費受給者の83％が高齢者、母子、障碍者、傷病者世帯であるために、これらの人々の多くはもともと就労の機会も能力も限られることから、長期間にわたって受給しつづけるということであろう。それと同時に生活保護費受給者の受け入れを躊躇《ちゅうちょ》する企業の側の問題と、労せずして報酬を得たという経験（学習）による受給者の勤労意欲の低下といった要因も影響しているものと考えられる。

動機づけを阻害する金銭的報酬

金銭的報酬は動機づけを強める強化子（報酬や罰）として機能するいっぽう、道具性が低い（努力と報酬の関連が不明確な）強化子は逆に内発的動機づけを低減させることがいくつかの実験によって明らかにされている。たとえば大学生を被験者とした次のような実験がある。[2] 課題はソマというパズルを解く（複数の四角のブロックを使用して指定された形を作る）ことであった。このパズルは大学生にとって面白いものであることを予備調査で確認していた。

実験条件は金銭的な報酬（パズルを解くごとに１ドルもらえると約束される）が与えられる条件と報酬がない条件、それから「よくできました。速いですね」といった言語的強化がある条件となない条件であった。被験者に10分間パズルを解かせたあと、８分間の休憩時間を与えた。休憩時間には被験者は１人実験室に残され、自分がハーフミラーを通して観察されているとは思っていなかった。実験室には雑誌や新聞が置かれていて、それを自由に閲覧することができた。また灰皿もあり、喫煙することも可能であった。

実験の結果、金銭的報酬がない条件では、被験者は休憩時間もパズルに取り組むことが多かったのに対して、報酬が約束された条件では、雑誌を読んだり喫煙したりしてパズル以外のことをする傾向があった。また言語的強化の効果は明確ではなかった。この実験により金銭的報酬は本来の動機づけを阻害することが示されたのである。

また作業量や質に見合わない多額の報酬を受け取ると、作業をしたのは金のためであると思い込んでしまい、作業に対する魅力が高まらないことを示した実験もある。(3) 被験者が単調で退屈な作業(糸巻きを片手でトレイから出したり入れたりする作業や、ねじを時計回りに少しずつ回す作業)を1時間行ったあと、実験者が現れ、「実験の遂行を手助けしてもらいたい」と被験者に要請する。要請の内容は次の被験者に「作業が面白かった」と説明することであった。その報酬として1ドルもらえる条件と20ドルもらえる条件が設定された。米国ドルの現在の価値は実験の行われた1950年代より7分の1〜8分の1に下落しているといわれている。ゆえに当時の20ドルはおそらく現在の150ドルに相当する大金である。

被験者は待合室にいるサクラに作業が面白かったことを説明したあと、実際に自分が行った作業がどの程度面白かったと思ったかについて回答した。実験の結果、20ドル条件では作業の魅力が低く、1ドル条件では高かった。

この実験から、大した労働もせず大金を得ることは労働に意味を見出せず、勤労意欲を損なうことが示唆される。逆に、つまらない単調な作業でも、報酬が少なく、作業自体に意味を見出さざるをえない場合は、動機づけが高まることも示している。

プロテスタント労働倫理

このように、金銭的報酬が動機づけを高めることは間違いないが、使い方を誤れば逆に勤労意欲を低下させ、生きがいを奪ってしまうことも考えられる。たいていの仕事は、慣れてしまえば退屈で単調なものになるのではなかろうか。そのような仕事に多くの人は生きがいを見出さざるをえない。そのために人々は何らかの理屈づけ（たとえば単調な仕事の中に奥義を見出すとか、世のため人のためになっているとか考える）を行うことによって、内発的動機づけを維持しているかもしれない。そのような状況で労働に見合わない高い報酬を与えられると、「自分が働いているのは金のためだ」と解釈してしまう可能性がある。生活保護費不正受給者の場合は、このような心理メカニズムが極端な形で現れることが考えられる。

近年の状況を批判的に見ている人々も多く、最近では生活保護費の不正受給の問題がマスコミで盛んに取り上げられている。いっぽう、生活保護費受給者全体を悪者にするような風潮に警鐘を鳴らす人もいる。この食い違いは社会的手抜きに対する態度の違いが背後にあるかもしれない。社会的手抜きに対する否定的態度が強ければ生活保護全般、とくに不正受給者に対して厳しい対応を求めることになるであろう。そのような態度の1つが、マックス・ウェーバーが提唱したプロテスタント労働倫理である。それは「厳しい労働に献身的に従事すること、報酬をすぐに求めるようなことをしないこと、資源を維持すること、余剰利益を保持すること、怠惰を避け浪費を慎むこと」と定義されるものである。(4)

プロテスタント労働倫理を測定するために成功、禁欲、労働、反レジャーといった項目よりなる質問紙が開発されている。(5) 回答者は「仕事で最善を尽くすことに匹敵するほどの満足を与えるものは他にない」「人生に成功していない大多数の人は単に怠け者だからである」「労せずして稼いだ金（ギャンブルや投機などによる）は深く考えずに使ってしまう」「苦労がない人生に意味はない」「クレジットカードは散財の切符となる」「することがあまりないときには落ち着かない気持ちになる」などの項目に賛成から反対まで5段階で回答する。賛成が多いほどプロテスタント労働倫理観を持っていることになる。

英国でこの尺度を用いてプロテスタント労働倫理と失業に対する認識の関係に関する調査が行われている。(6) 調査の結果、プロテスタント労働倫理の程度が高くなるほど、失業に対する否定的見方（たとえば、「失業者は社会的セーフティーネットによって多額の収入を得ている」「失業者は就職するための努力をしていない」「失業者は職業の好き嫌いが強くプライドが高すぎる」など）が強くなることが示された。このような研究から、生活保護のような社会的セーフティーネットに対する考え方に個人差があることも明らかになった。

日本でも勤勉は高く評価されてきた。新渡戸《にとべ》稲造《いなぞう》の『武士道』でも滅私奉公を推奨し、私利私欲を捨て公のため仕事をすることは高貴な行為であると述べている。これはプロテスタント労働倫理とかなり一致する部分がある。このような倫理観が高い人ほど、生活保護費受給者に対して厳しい見方をすることが考えられる。

公共心とプロテスタント労働倫理

プロテスタント労働倫理は公共心とも関連している。公共心が高い人ほど、国家による富の再配分（福祉）に否定的であることを明らかにした研究がある。[7] 公共心の高さは「政府からの不正受給」「公共交通機関の無賃乗車」「税金のごまかし」「収賄」「ごみの不法投棄」「盗難品の購入」の6つを正当化できるかどうか聞くことによって測定した。これらはすべて他者の目を盗んで行うもので、評価可能性（他人に自分がどう見られているか）が低いときに行う行為であり、社会的手抜きと密接に関連する。ということは社会的手抜きをしやすい人ほど福祉を求めるともいえる。

いっぽう、他者に対する信頼性と福祉の関係についても検討されている。信頼性は「大多数の人は信頼できるか、あるいは付き合うときにはだまされないように気をつけなければならないか」と問うことによって測定している。そして、他者に対する信頼性が高い人ほど福祉に対して好意的であることも明らかにしている。公共心が低い人も、そして他者に対する信頼性が高い人も福祉を求めるということである。

2 国家財政と信頼

国家財政と他者への信頼度

図4－1はOECD加盟国の他者に対する信頼度と、GDPに占める福祉予算の割合を示したものである。北欧諸国は他者に対する信頼度が高く、また福祉予算の割合も多いことがわかる。いっぽう東ヨーロッパ諸国とポルトガル、フランス、ギリシャなどは他者に対する信頼度は低いが福祉予算は多いことがわかる。さらにカナダ、米国、オーストラリアなどアングロサクソン諸国と日本は信頼性が中程度で福祉予算は相対的に低い。

これらは、ある程度、国の財政状態と関連している。北欧諸国は他者に対する信頼性が高いために、脱税や汚職などが少なく、政府に対する信頼性も高い。そのために福祉予算が多くても国民がきちんと税金を納めるために国家財政はバランスがとれるのであろう。いっぽうポルトガル、ギリシャ、東欧諸国は他者に対する信頼性や公共心、政府に対する信頼性も低い。おそらく脱税や汚職も相対的に多いであろう。それにもかかわらず、あるいはそれだからこそ、人々は多額の福祉予算を求める。ゆえに国家財政の赤字の額が大きくなることは当然である。また、アングロサクソン諸国や日本のような他者に対する信頼性中程度の国は政府による富の再配分を少なくする小さな政府を指向している。それはそれで考えうる1つの施策であろう。

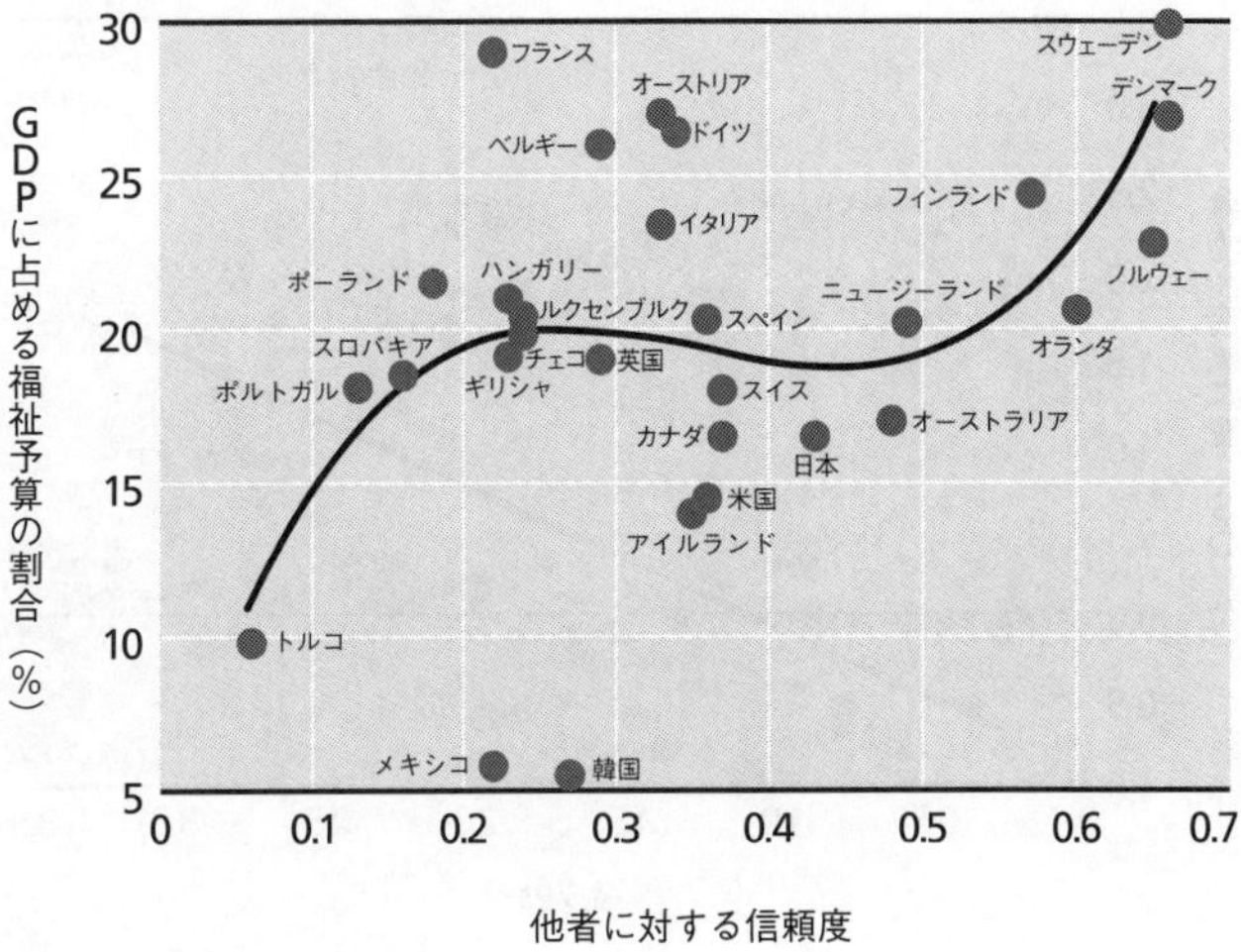

図4-1

GDPに占める福祉予算の割合と他者に対する信頼度の関係
(Algan, Cahuc, & Sangnier, 2011)

しかし中程度の信頼性にもかかわらず、イタリア、スペインなどは福祉予算の割合が多い。国民の公共心のレベルから考えれば、過大な福祉予算を組んでいることになる。

このようなことから、国の財政状態は国民の他者に対する信頼性や公共心と福祉予算の割合との関係から推測することが可能であるように思われる。ただし、オーストリアやドイツはこのような説明からずれていて、国家財政の状態を例外なく国民の公共心や信頼性の観点からのみ説明することは難しそうである。またこのような社会現象を単純な因果関係で説明することにも危うい面がある。国家財政の悪さが人々の公共心や他者に対する信頼感を

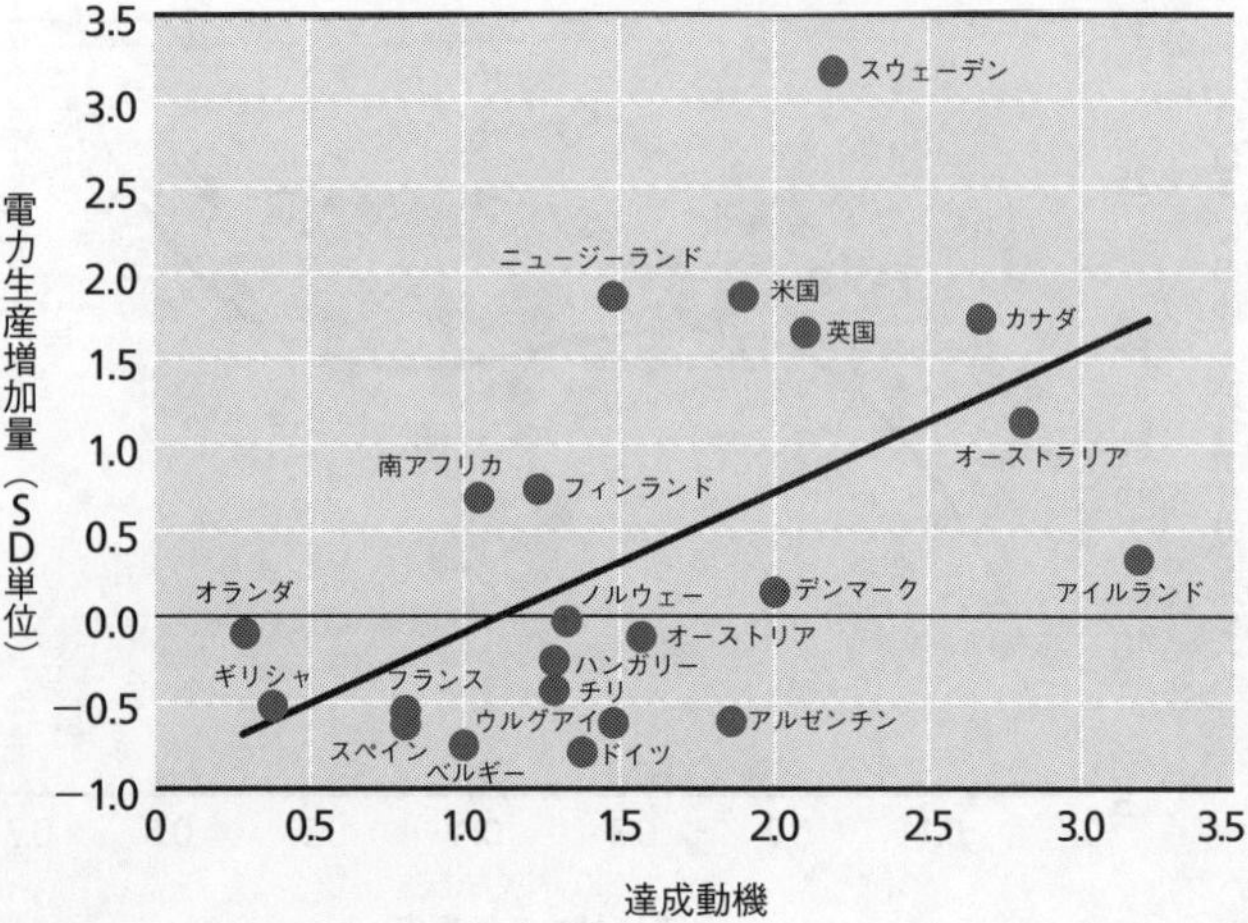

図4-2

**1925年当時の達成動機と
1929～1950年の1人当たり電力生産増加量**

(McClelland, 1961のデータより作成)

削《そ》いでいる可能性も否定できない。

実際はいずれの要因も相互に原因にも結果にもなり、スパイラルのようになっているのかもしれない。いずれにしても、社会的手抜き行動に関連している心理変数が国家財政に影響していることは十分考えられる。

国民の達成動機と経済活力

実際、国民に与えられる情報が国の経済活力に及ぼす効果について米国のマックレランドが明らかにしている[8]。彼は、小学校の教科書の文章を分析し、達成動機（個人的な目標や基準を達成しようと努力する傾向）を測定した。そしてその後の経済発展の関係について検討している。

達成動機を測定するために１９２５年の各国の教科書から１国当たり21の文章（単語数50～８００）を抽出し、２人の評定者が達成動機、親和動機、権力指向などについてコーディング作業を行った。評定者に国名がわからないようにするために物語の主人公の名前をすべて米国人ふうの名前に変換した。２人の評定者の評定値はほとんど一致していた。文章が確実に達成動機に関連しているものは＋２、ほぼ関連していると評価されるものは＋１、関連していないものは０として数値化され、それらがすべて加算された。そして物語の数（21）で割ることによって、国ごとの達成動機得点が算出された。また、経済発展については、１人当たり電力生産の増加量を指標とした。

図４－２の縦軸は、１人当たり電力生産増加量の予測値からのズレをＳＤ（標準偏差）単位で示したものである。この図は、各国の１９２５年の達成動機得点とその後の経済発展の関係を示している。両者の相関係数は０・５３となり明確な関連が見出された。ＧＤＰとの間にも同様の関連が見出されている。このようなことからも、教育や情報が社会的手抜きや達成動機に長期的に影響することがわかる。

3　投票行動

社会的手抜きとしての棄権

次に投票参加行動について見てみることにする。

民主主義にとって、人々が主権を行使（投票）することは最も基本的なことである。その意味では、投票に参加しないこと（棄権）は、社会的手抜きの一例である。しかし、日本では、国政選挙の投票率は低下傾向にある。たとえば衆議院議員総選挙では、過去の最高投票率は1958年の76・99％で、最低投票率は1996年の59・65％である。このような傾向には1票の重みに関する認識の変化が影響している可能性もある。図4－3に示されているように1票の重みは選挙区によって異なるが、議員1人当たり8万～32万票（有権者数÷定数）である。ということは個人の投票行動が選挙結果に影響する確率は低く、宝くじ並みといってもよいくらいである。図1－4のモデルから考えれば、「自分が投票してもしなくても、大勢に影響はない」と考える有権者の「努力の不要性認知」は非常に高いであろう。また、「時間やその他のコストをかけて投票所に行き、投票をしたことが認められ評価されるかもしれない」という「評価可能性認知」も低いと思われる。そのために社会的手抜き（棄権）の確率が大きくなることは当然といえば当然である。選挙は集団サイズが極端に大きい典型的な手抜き実験状

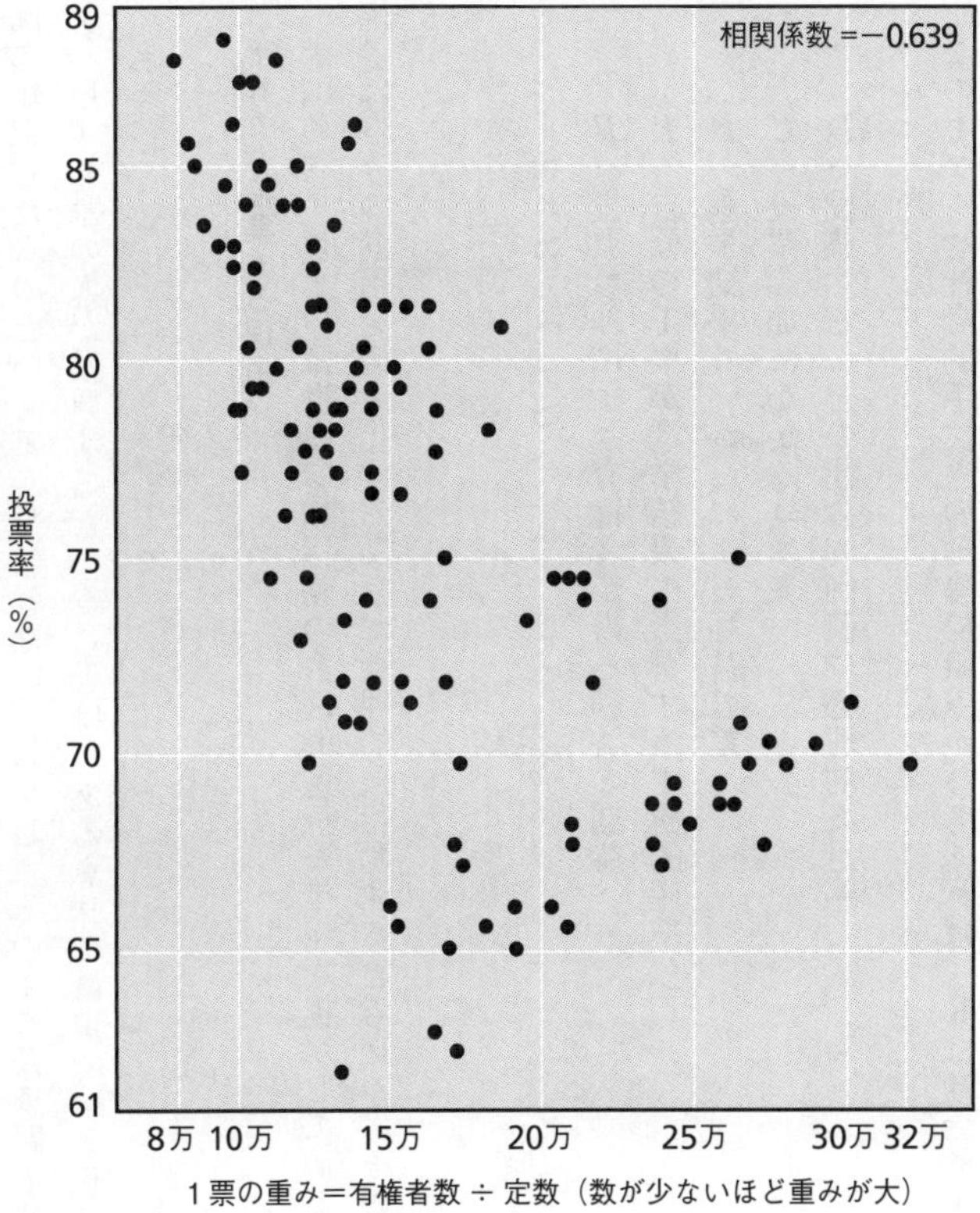

図4-3
1980年総選挙における1票の重みと投票率(宮野, 1989)

況に類似したものといえるかもしれない。しかし、そのような課題構造（加算的課題）にもかかわらず6割の人が投票するということは、ある意味では驚くべき現象（非合理的行動）ともいえる。

それでも投票する理由

米国のライカーらは投票参加行動の合理的選択モデルを提示している。[9] このモデルでは、有権者は自分の効用を極大化するように合理的に行動すると考える。[10] そのモデルが次のものである。

$$R = P \times B - C + D$$

R：投票参加により有権者が得る利益の期待
P：自分の1票が選挙結果に影響する主観的確率
B：選挙結果のいかんによる利益の差
C：投票参加にかかるコスト
D：投票することの社会的価値や心理的満足感

このモデルを社会的手抜きの理論枠組みから考えれば、Rは社会的手抜きの大きさと対応し、

Pは集団サイズ、Bは行動の「道具性」、Dは個人の報酬（価値）と対応する。Cは評価可能性と関連しているかもしれない。このように考えれば、このモデルは図1－4の社会的手抜き発生のプロセスモデルとかなり重なる。

集団サイズと投票行動

集団サイズが増大すれば社会的手抜きの程度も増大することは、実験室での実験で繰り返し実証されているが、投票参加行動に関しても、同じような現象が見出されている。たとえば図4－3に示しているように1票の重みと投票率の間にマイナス0・639の高い相関を見出している研究がある。(11) これは1票の重みが大きければ大きいほど、投票率が高くなることを示している。

ただし、この相関に影響しているものとしては、居住地、年齢、居住年数、産業などの要因が考えられる。都市部ほど、若い人が集まっている地区ほど、居住年数が短い人が集まっている地区ほど、そして農業や商工業のような自営業者が少ない地区ほど、人口増加率が高く1票の重みが小さくなっている。そしてそのような人たちは全般的に投票率が低い。このことが1票の重みと投票率の見かけ上の高い相関をもたらしている可能性がある。

たとえば図4－4に示しているように、都市部であろうが町村部であろうが若者の投票率は低い。1票の重みが小さい地区は全般的に若者が多く、そのために投票率は低くなっていると

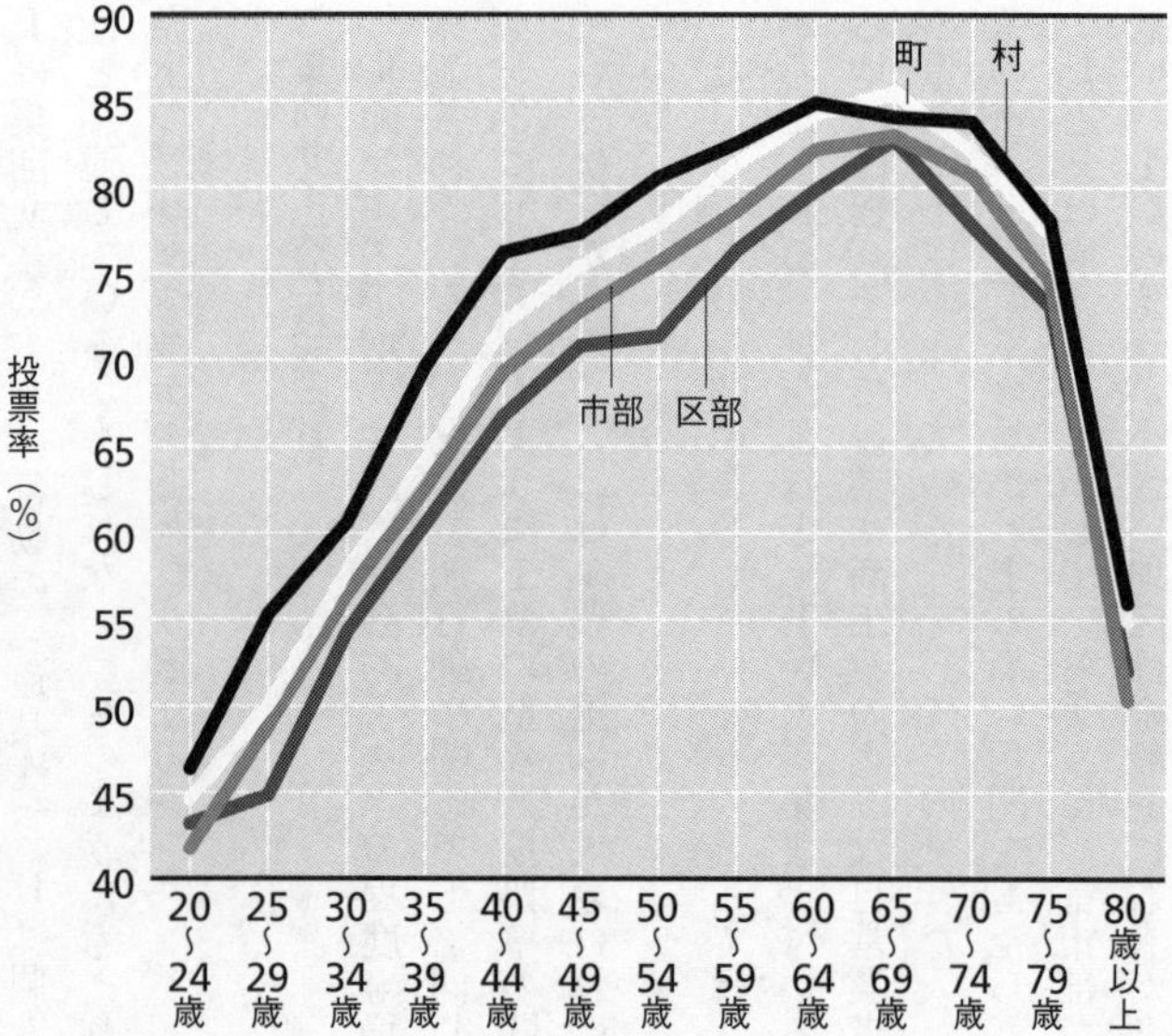

図4-4
第22回参議院議員選挙（2010年7月11日）における投票状況

註　全国の50311投票区のなかから、188投票区（47都道府県×4投票区）を抽出。抽出された選挙区は東京都特別区1ヵ所、政令市の行政区14ヵ所、市79ヵ所、町60ヵ所、村34ヵ所（2010年12月総務省選挙部のデータより作成）

も考えられ、1票の重みと投票率は見かけ上の相関を表しているにすぎないかもしれないのである。

そこでこのような要因の影響を統計学的手法を用いて取り除き、1票の重みの純粋な効果のみを抽出しても1票の重みは投票率に寄与（影響）していることが明らかになった。ただしその寄与率は3％ほどしかなく、かなり小さい値であった。このことは投票行動に集団サイズが及ぼす影響はかなり限定的なものであることを示している。

投票することの満足感

集団サイズが増大しても投票参加行動がそれほど低下しないことに関して、主に2つの理由が挙げられる。その第1は、投票することの社会的価値や心理的満足感（ライカーのモデルの要因D）の効果が大きいことである。ライカーらはこれに関して次の5項目を挙げている。その第1は投票することによって民主主義を支える市民としての責務を果たすことができたという倫理的満足感、第2は政治システムに対する忠誠を確認できたという満足感、第3は自分が支持する候補者や政党について表明できたという満足感、第4は他の楽しみを犠牲にして投票所に足を運んだという満足感、第5は自分の投票によって政治に影響を与えうることを確認できたという満足感である。

これらはすべて、図1-4の社会的手抜き発生のプロセスモデルの中の個人の報酬価値を高める認知的方略であるとも考えられる。投票行動には絶えず社会的手抜きを促す力が働いているので、民主主義のシステムを維持するためには投票参加行動の主観的価値や満足感を高めるような幼少時からの教育が大切ということであろう。それに反して、日ごろ大量に流される政治や政治家に関するネガティブ情報は民主主義に対するシニシズムと投票参加行動の社会的手抜きを助長しているかもしれない。

「あなたの1票が日本を決める」？

集団サイズの増大が投票参加行動をそれほど低下させない第2の理由は、現実の1票の効力と主観的効力が必ずしも一致しているわけではなく、認知的バイアスがかかっていることである。認知バイアスの1つとして「投票者の錯覚」がある。[12] これは自分が支持している候補者を同じように支持している大多数の人々に、自分の投票行動（投票か棄権）を投影することである。いわば自分の投票行動が、志を同じくする他者の行動を誘発すると無意識に考えるのである。あるいは投票者が自分の行動を、大多数の他者の行動を予測するうえでのリトマス紙とするというものである。自分の行動が多数者の行動の手がかりになるので、自分が投票すれば多数者の投票行動も期待できることになる。

これは因果推論としてはおかしなことであるが、われわれは日常的にこのような推論を行っている可能性がある。たとえばニューカムのパラドックスと呼ばれるものがある。それは未来を予測できる悪魔が人の行動を試す問題である。悪魔はある人の前に箱を2つ置く。Aの箱には1000ドルが入れてあり、Bの箱には100万ドルが入っているか何も入っていないかのどちらかである。悪魔は「Bの箱だけを選んでもよいし、AとBの両方を選んでもよい。ただし、あなたが両方の箱を選ぶことを私が予測した場合、Bの箱は空にしておく」という。この場合、両方の箱を選ぶべきか、Bの箱だけを選ぶべきかというのが問題である。[12] 合理的に考えれば両方の箱を選ぶことになる。なぜなら箱はすでに目の前に置かれており、過去を変えることはできず、悪魔でも箱の中身を今になって変えることができないからである。

しかしこのような問題を出された場合、多くの人はBの箱だけを選択する傾向がある。まだ結果が眼前に示されていないときには、現在が過去に影響を与えると考えてしまうのである。このような現象はさまざまな場面で起こりうる。たとえば入学試験が終わったあと、合格発表の前に、合格を祈るような行動もこの種の行動の1つである。もうその時点では合否は確定しているのだから祈っても仕方がないといえば仕方がない。

この問題で両方の箱を選ぶような人は、おそらく、「投票者の錯覚」などしない人だろう。すなわち自分の投票行動いかんにかかわらず、結果は確定していると考える人であろう。それに対してBの箱のみを選ぶ人は、自分の現在の行動が、すでに決定している結果でも変化させうると無意識に考える傾向があるのかもしれない。このような人は、自分の投票行動が多数者の投票行動を変化させうると認知するので、集団サイズの影響は受けにくいと考えられる。したがって投票に行くのである。

もう1つの認知バイアスとして「自己関連づけ推論」がある。ある行動をするときに自分が主体であるという思いは、努力やコストを伴い、そしてコントロール可能であると思っているときに、とくに強くなる。そのため、実際は集団が決定していても、自分が決定していると錯覚することがある。これが自己関連づけ推論である。

投票者もそのような推論を行い、選挙結果を自分の投票行動（投票か棄権）に結びつけて考える可能性がある。たとえば自分が投票した候補者が当選すれば、「もし自分が投票していなかったらその候補者は落選していたかもしれない」と考える可能性がある。逆に自分が棄権したときに支持していた候補者が落選すれば「もし投票していたら当選していた可能性がある」と後悔するかもしれない。要するに自分の行動が及ぼす影響を過大視するということである。前記の認知バイアスが投票率に大きく影響することは考えにくいが、わずかな影響でもあれば、選挙結果を左右する可能性は否定できない。

このように選挙は典型的な社会的手抜き課題であると考えられるが、それでも投票率がある水準まで保たれているのは、報酬価を高めるような操作（教育や啓蒙活動など）が絶えず行われていること、それから認知バイアスが機能していること、などによるからかもしれない。

4 集団意思決定――真珠湾攻撃から考える

集団浅慮

複数のアイディアの中から話し合いで良いアイディアを選択する行動は、集団意思決定の中核部分である。集団や組織において、物事を決める場合、集団意思決定が多く用いられる。場合によっては個人で容易に結論を出すことができるようなものでも、会議による決定が行われる。これは多くの人が「三人寄れば文殊の知恵」を信じているからかもしれない。

しかし、集団意思決定は必ずしも良いとは限らず、場合によっては愚かな結論を導き出すことが明らかにされている。このような現象の1つが集団浅慮である。集団浅慮とは、全員一致のコンセンサスを求めるあまり、異論を唱えたり疑問を出したりすることを控え、集団内に波風が立たないようにする現象である。その結果、決定の質が低下するのである。この現象の背後にも社会的手抜きのメカニズム（努力の不要性、道具性、評価可能性）が働いていることが考えられる。

米国のジャニスは1941年に起きた日本軍による真珠湾《しんじゅわん》攻撃に対する米軍将校の行動などの歴史的事例を詳細に分析して、この過程について明らかにしている[13]。真珠湾攻撃はハワイ時間1941年12月7日（日曜日）未明、ハワイのオアフ島真珠湾にある米国海軍太平洋艦隊基地に対して日本海軍が行った奇襲攻撃である。

米国は日本の暗号を解読していて事前に攻撃を察知していたとか、日本を誘い出したという説がある。しかし現在でも日本の無線電報傍受に関する記録は公開されていないため、真相は不明である。ただし、ルーズベルト大統領をはじめとする政権のトップレベルはともかくも、ハワイ現地軍の上層部は日本軍の行動を察知していなかったようである。

以下は真珠湾攻撃時の米軍の集団浅慮について述べたものである。

ジャニスは、集団的浅慮は健康な集団を襲う病気のようなものだと考えた。その症状として以下の8種類を挙げている。

⑴集団成員相互の同調圧力

全員が納得できる結論に達するためには十分意見を出し合い、議論する必要があるが、開戦を目前にした切迫した状況では同調圧力（多数意見に合わせるように強制すること）が働き、異論を唱えることが困難となる。

1941年のハワイの海軍司令部は次の理由から、日本が攻撃を仕掛けてくることはないと思い込んでいた。

①日本は世界最強の国を攻撃する前に、まずは脆弱な東南アジアの英蘭《えいらん》の植民地を攻撃する可能性が高い。

②米国太平洋艦隊の実力を知っているなら、日本は真珠湾まで空母を派遣するようなリスクをおかすことはないだろう。

③もし日本が空母を派遣するような愚かな意思決定をしたとしても、米軍は必ず発見し、破壊できる。

④真珠湾に停泊している戦艦は雷撃機によっては撃沈できない。水深が浅いため魚雷を投下しても海底に接触してしまうからである。

このような思い込みのために、海軍司令部は無防備な状態であった。また将兵も平時と同じように日曜日の休暇を取っていた。このような信念や仮説が集団浅慮の典型的要素であり、これに異を唱えることはほとんど不可能であった。

(2)自己検閲

集団内に波風が立つのを恐れて、異論を唱えることを控える。これが自己検閲である。キンメル太平洋艦隊司令長官は6日夜（攻撃の12時間前）、仲間内（夫人同伴）でパーティーをしている。そのとき、ハルゼー提督の妻が「日本軍が攻撃してくるかもしれない」と言ったことに対して、ほとんどの人が「馬鹿げている」と思っていたということである。そのような発言をする人は、周りから白い目で見られる可能性があった。そして当人もそのことはわかっていた。そうなれば個人的な疑念は表に出さないようになる。全員一致の良い雰囲気を壊してまで、異論を述べ立てることは、当人の評判を貶めることにもつながる可能性がある。このような傾向はハワイの陸海軍、ワシントンの戦争評議会それぞれが持っていて、互いにそれを強化しあっていた。

(3)マインドガードの発生

集団成員が逸脱した意見を聞くことによって、それに影響され、結果として集団内に不和が生じるかもしれない。マインドガードは、逸脱意見から集団を防衛し、その影響を低減するような役割を果たす人物のことである。

海軍の作戦参謀で大統領の戦争評議会のメンバーでもあったスターク提督は、ハワイが攻撃対象になる確率はきわめて低いことをキンメル長官にたびたび伝えていた。スターク提督はキンメル長官と公私にわたって親しい間柄であった。参謀本部からの悲観的かつ苦痛を強いるような公的な連絡があったとしても、それと同時に彼独自の楽観的私的見解を添えて伝えていた。

(4)表面上の意見の一致

真珠湾攻撃までハワイ海軍司令部のメンバーは表面上、全員が司令部の方針に同意していたように見受けられた。しかしメンバーの中には内心では真珠湾が日本軍の標的になることを危《き》惧《ぐ》している者がいたようである。しかし、そのような発言を表立ってする者はなく、そのために、ほとんどの成員が「他の人は司令部の方針に疑問を抱いていない」と思っていた。いわゆる童話「裸の王様」状態に陥っていた。

真珠湾攻撃の1週間前には、ワシントンの戦争評議会も日本が戦争準備を整えたことを認識していたが、その攻撃目標は東南アジアであり、米国本土に向かうことは予想していなかった。真珠湾攻撃の日までの彼らの主な関心は、孤立主義指向で戦争を忌避する傾向が強い国内世論をいかに変え、開戦を正当化するかということであった。11月28日の会議では日本の奇襲攻撃の可能性について意見を述べる者もいたが、それについては大統領をはじめ誰も真剣な議論をしようとしなかった。そのような議論が始まっても、話題はすぐにそれて、以前から繰り返し議論されていた「日本は東南アジアのどこを攻撃するのか、バンコクかシンガポールかフィリピンか」といったことに戻るのであった。戦争評議会のメンバーである海軍長官ノックスは、真珠湾攻撃の第１報を受け取って「信じられない、まさかまさか、これはフィリピンで起きるべきものだ」と言ったそうである。

⑸無謬性の幻想

司令部のメンバーは、自分たちの優秀さに自信を持っていて、そのような人間が集まって考えたことが間違っているはずがないと思い込んでいた。

真珠湾の防衛の責任者は有能でかつ忠誠心の高い人たちであったが、彼らは、真珠湾に集中している米国艦隊は敵の海空からの攻撃の抑止力であり、攻撃対象にはならないと思っていた。キンメル長官のアドバイザーも、日本が「ハワイへ何千キロも航海して空母や戦闘機を送り込み、それを失うような愚かな意思決定はしないだろう」と考えていた。ワシントンから、日本が優位に立つために奇襲攻撃を仕掛けてくる可能性があるといった警告がたびたび来たが、もしそうなったとした場合の被害予想（艦隊、航空機、地上兵力、設備などに対する）は全くされていなかった。またそれに対する対応策もなかった。

パイ提督は、１９４４年、米国海軍によって行われた真珠湾攻撃時の対応に関する海軍の査問会で「日本が無謀にも空母による攻撃を仕掛けてきたとしても、確実にそれを発見し破壊できると思っていた。10分もあれば迎撃態勢を整える自信はあったが、その時間もなかった」と証言している。実際は数時間前に国籍不明の潜水艦が発見され、またレーダーも国籍不明の機影をとらえていた。しかしそのような情報はすべて考慮されることなく、警報なしの状態でいきなり攻撃を受けることになってしまった。

さらに、真珠湾の水深が浅いために雷撃機から投下された魚雷は海底に突き刺さり、戦艦を撃沈させることは不可能だと思われていた。米国海軍は飛行機から魚雷を投下して実験していて、魚雷攻撃に必要な水深を18メートルと算定していた。真珠湾の水深は9〜12メートルしかなく、日本の雷撃機の能力では雷撃は不可能だと思い込んでいた。敵の能力を見下していた。実際は、日本は新型魚雷を開発していたのである。1941年6月、ワシントンのインガソール提督はハワイの海軍司令部に手紙を送り、新開発の魚雷により、浅い港湾での艦船の魚雷に対する脆弱性が高まったことに注意を喚起している。しかし可能性が低く、かつ不愉快な連絡内容は完全に無視された。

開戦当時の日本軍でも、このような無謬《むびゅう》性《せい》の幻想を持っていた可能性がある。杉山元《すぎやまはじめ》参謀総長は「連合国兵士の多くが白人ではなく現地兵が多く、しかも兵力が分散し、増援も困難であるから、集中攻撃により各個撃破できる」と述べている。また永野修身《ながのおさみ》軍令部総長も「米艦隊は太平洋には半分くらいしかおらず、英の艦隊が来ることはないだろう。ハワイを叩けば2

年間は戦える」と言っていたそうである。

⑹道徳性の幻想

集団浅慮に陥ったメンバーは「自分たちにこそ正義があり、正義実現のためには相手に対するある程度の非倫理的行為も許される」と考える傾向がある。いわゆる「愛国無罪」である。米国は日本の侵略行為に対する報復のため、経済封鎖によって日本を追い詰めていた。そしてもちろんそれが正義であった。しかし日本がどのような状態になるのか真剣に考えていなかったふしがある。日本にとって、米国を攻撃しないというのは、それはそれでリスクであった。なぜなら米国の意のままになれば、それまで血のにじむ思いと犠牲で獲得してきた領土と、国家としての名誉の両方を失うことになるからである。東京の事情にくわしいグルー駐日大使は「米国領地への奇襲攻撃を警戒すべし」という警告を出していた。たとえば１９４１年11月3日、大使は東京からワシントンに「日本は外国の圧力に屈するより経済封鎖を打ち破るために乾坤一擲《けんこんいってき》、伸《の》るか反《そ》るか、集団腹切りのような賭《か》けに出る」との強い警告を発している。

日本は八紘一宇《はっこういちう》や大東亜共栄圏のスローガンを掲げた。それは、日本がアジア民族を欧米の白色帝国主義から解放し、アジアに日本を中心とした共栄圏を作ることを意味するものであった。そのためにこの戦争は侵略ではなく民族解放のための正義の戦争だとしたのである。

(7)外集団に対するゆがんだ認識

集団浅慮に陥った集団は、外集団に対して不正確で否定的な認識を持つ傾向がある。これは敵に対するステレオタイプやイデオロギーに基づいている。

海軍の査問会で、キンメル長官をはじめとする現地軍スタッフは日本軍を見下していたことが明らかになった。証言によれば彼らは「日本軍は米国に対して敵意を持っているが、軍事行動を起こすだけの強さも能力もない。日本軍の攻撃によって深刻な被害を受けるなど考えられない。日本は米国にいろいろとうるさく文句をいってくるが、軍事力は三流以下で大国米国に立ち向かうことなどありえない。日本がハワイに奇襲攻撃などしたら米国との全面戦争になってしまう。全面戦争になったら日本の勝ち目はない。日本のような小国が米国のような大国に対して攻撃を仕掛けるはずがない」と思っていたということであった。

このような見方は、攻撃の半年前まではワシントンの専門家の間でも有力であった。しかし1941年6月には彼らも見方を変えはじめた。それは日本が経済封鎖されることにより石油、綿花などをはじめとする重要な原材料が手に入らなくなったからである。この経済封鎖を打ち破るために軍事行動を起こすことは十分に予想されたことである。しかしハワイの海軍上層部はなお「小人が強力な巨人に攻撃を仕掛けることなどありえない」と思い込んでいた。ワシントンから、開戦が差し迫っているとの情報がハワイに伝えられても、彼らは「日本の攻撃目標はアジアの脆弱な英国やオランダの植民地であり、その後で間接的に米国に挑戦してくるだろう」と考えた。

いっぽう、日本軍も米軍の能力を低く見ていたふしがある。陸軍のある高官は「米国は多民族で愛国心はなく享楽的。それに対して日本軍の士気は高い」と述べている。

⑻解決方略の拙さ

結局、このような心理機制が決定の質の低下をもたらすことになる。日本の奇襲攻撃の可能性があることは数々の情報から予測されたにもかかわらず、ほとんど準備をしていなかった。しかも自分たちの思いからはずれるような情報には目をつむり、都合がよい情報ばかりに目を向けていた。

1941年11月24日にキンメル長官はワシントンから、日本との戦争が差し迫っているという警告を受け取っていた。しかし彼は開戦したとしても日本軍の攻撃目標はフィリピンやグアムでありハワイではないと思っていた。そのため警戒レベルを上げる必要を感じていなかった。11月27日にはワシントンからさらに「日本との交渉が決裂したので近日中に日本軍が攻撃してくる可能性が高い。警戒を怠らないように」といった強い警告を受けていた。そのために彼はスタッフと相談したが、その結論は「ハワイに対しての奇襲攻撃はありえない」というものであった。

キンメル長官のスタッフは航空機によるハワイ周辺の広範囲の偵察が必要か否かについて長

い議論を行ったが、メンバーの中にはこのような偵察行動のコスト（燃料の過剰消費や部品の消耗）が高くつくことを主張する者もいた。結局、戦艦を分散させるとか、休暇を取り消すとか、高射砲によって空襲に備えるなどといった対策をとらなかった。また、海軍のスタッフは陸軍がすでに高度警戒態勢に入っていて、陸軍によってレーダーも24時間運用されていると思い込んでいた。事実、陸軍は兵員やトラックや高射砲を真珠湾周辺に移動させていた。そのため「陸軍が一生懸命やっているから彼らに任せたほうがよい。海軍まで動き出せばかえって混乱する」と思っていた。しかし実際には、陸軍も海軍と同様に、手抜きしていることを隠すために形だけの警戒態勢をとっていたにすぎなかった。陸軍は飛行機を破壊工作から守るため、滑走路の上に集めていた。これが日本軍の標的となり、そのために飛行機の多くを失った。

ハワイ攻撃に関する情報も数多くあったが、それはオオカミ少年的な情報として無視されてしまった。たとえば、12月3日にはキンメル長官とスタッフは、日本が大使館や領事館にある暗号簿の「大部分」を処分しているとの情報を得て、それについて議論している。彼らは「大部分」という言葉にこだわり、日本のこの行動は米国に対する攻撃の前触れではないと判断した。日本は同年7月に南部仏印に進駐している。それに対する米英の報復が日本大使館の差し押さえにも及ぶことを日本が危惧して、そのための予防措置をとっていると彼らは楽観的に考えた。後日ハワイでも日本の領事館が文書の処分を行っていることがわかったが、彼らは「日本は他の所と同じことをしている」と考えて特段の注意を払うことはなかった。たとえ可能性は薄くても、もしそのようなことが起きれば被害が甚大になることはわかっていながら、なぜ無防備なままでいたのかは疑問の残るところである。先述のように、真珠湾攻撃開始の数時間前に日本軍の潜水艦が発見され撃沈された。さらに陸軍のレーダーも機影をとらえていた。しかし、これらの情報は見過ごされてしまった。

攻撃に対する準備が最もできていなかったのは、パイ提督が指揮する旗艦、戦艦カリフォルニアであった。彼はキンメル長官の親密な内集団の一員であった。真珠湾攻撃の日、この艦は撃沈されるまで時間があり、最後に撃沈されたが、それでもなかなか戦闘態勢をとれなかった。乗艦している将校は何をすべきかわからなかったし、緊急事態のために訓練を受けている兵士は週末の休暇を取り、乗艦していなかった。結局何の対応をすることもなく２本の魚雷で撃沈され、多数の兵員が犠牲になった。

いっぽう、日本軍も解決方略として拙《つたな》いものしか持ち合わせていなかった。開戦に踏み切ったときの戦争の見通しについて、明確な勝算がなかったことを嶋田繁太郎《しまだしげたろう》元海相は証言している（『日本経済新聞』２０１０年８月18日朝刊）。長期戦になった場合の展望がなかったのである。米国の本格的反抗が予想される３年目以降については楽観論にすがるしかなかった。たとえば「当面、南方資源を確保しながら戦っていける。そのうちドイツが英国を制圧し、欧州が平定されるので、米国内の厭戦《えんせん》気分も高まり、有利に戦争を終わらせることができる」と考えた。

集団浅慮の症状と社会的手抜き

集団浅慮のこのような症状のうち、(1)の「集団成員相互の同調圧力」から(4)の「表面上の意見の一致」までは集団の良い雰囲気を壊さないために個人の知識や能力を封殺し、社会的手抜きを促すことに関連したものである。社会的手抜きは先述したように努力の不要性、道具性、評価可能性といった認知要因に影響されるのであるが、このような状況では、暗黙裏に努力（他者と異なる意見を言って議論を戦わせること）の不要性が強調され、道具性（自分の意見が採用され集団に影響を与えることができる）や評価可能性（異なる意見を言って評価される）が期待できないのである。そして(5)の「無謬性の幻想」から(8)の「解決方略の拙さ」はこのような社会的手抜きを行った結果、現れる症状であるといえる。

そしてジャニスは、これらの症状は左記の条件が揃《そろ》った場合に発生すると述べている。

(1)集団凝集性の高さ

ハワイの海軍司令部のメンバーは自他ともに自分たちの能力の高さを自認していた。また、そのような高能力集団に参画できたことを誇らしげに思っていた。そのために集団の士気も高く、プライベートでも親交が深かった。そのような集団の中で意見を戦わせ、相手に不快な思いをさせることは、せっかく築いた絆を危うくするものであった。そのために真剣に議論することを避けてしまった。

キンメル長官は仕事熱心で強いリーダーであったが、同時に部下との良い関係も築いていた。部下は長官を尊敬していた。ある部下は「自分が失敗したとき、長官は厳しく叱《しか》ったが、落ち込んだ自分に対して深い思いやりを示してくれた。それ以後、自分は心からキンメル長官に心酔し、彼のためならどんな苦労も厭《いと》わないと思うようになった」と述べている。陸軍のビックネル大尉やショート将軍は海軍グループとも頻繁に議論しており、海軍のメンバーとも見解が同じであった。キンメル長官とショート将軍は仲が良く、一緒にゴルフをしているとの噂《うわさ》もあった。

(2) 孤立

軍事行動は秘密裏に行われる必要があるため、情報が公開されることはない。そのために部外者による監視や助言がなされず、独断的決定に陥ってしまう可能性が高い。ハワイ海軍司令部の決定は主にキンメル長官と取り巻き集団（4人）によって行われていた。彼らは毎日のように顔を合わせ、食事を共にしていた。その他10人ほどが会議に出席していた。これらの取り巻き集団は、前述のように皆キンメル長官に強い忠誠心を持っていて集団凝集性も高かった。彼らはホノルルの中で海軍の仲間としての閉じられた集団の中にいて、公私を共にすることが多かった。ゴルフも一緒に楽しみ、個人的な問題や悩みについても話していた。

(3)リーダーシップ

凝集性の高い集団の場合、リーダーはメンバーに安心感を与えるように行動するが、同時に自分の不安や悩みを部下に素直に打ち明け、彼らから逆に安心感をもらうこともある。

1941年12月6日午後に開催された会議で、キンメル長官は「日本の攻撃が差し迫っていてハワイも対象になるのではないか」と発言している。それに対して、ある部下は即座に「日本はアジアでの作戦で手いっぱいでハワイまで来るような余力はないので、そのような不安を持つ必要はない」と楽観的な見通しを述べている。キンメル長官はそのような発言に従って、特段の対策をすることもなく、攻撃前夜に行われたパーティーに出席したのである。

真珠湾攻撃が始まり、惨状を目の当たりにしてから、キンメル長官は部下に「ワシントンに報告して自分を解任するように要請したいがどう思うか」と相談している。それに対して部下は「その必要はなく、ワシントンもそのような要請は受けないだろう」と答えている。現実には彼はすぐに解任されたが、部下たちは私邸を訪れ、彼を励ましている。その後も部下たちは彼に忠誠心を持ち、海軍の査問会では一貫して彼を弁護し、自分たちのアドバイスが間違っていたと述べている。

(4)問題解決のためのストレス

国や国民の命運が決定者の双肩にかかっていて、時間的余裕もないような状況では、決定者は非常な緊張を強いられる。その緊張から早く解放されようとして、内容を十分吟味しないままに決定してしまう。さらに、本質から目をそらすために些事《さじ》について長々と議論したり、決定したことの良い面ばかりに注目したりする。

不確実な状況での希望的観測はありふれたものであり、他者の奨励や本人の願望があるから、それを避けることは難しい。そのような希望的観測は英軍にもあった。英軍はシンガポール要《よう》塞《さい》を難攻不落と思い、新聞にもそのように発表していた。しかし日本軍により瞬く間に陥落させられてしまった。日露《にちろ》戦争時の旅順《りょじゅん》要塞や第二次世界大戦時のフランスのマジノ線なども破られる前までは絶対的なものであると思われていた。

日本も真珠湾攻撃の前はストレスの最中《さなか》にあった。昭和16年（1941）、日本の参謀本部は早急な決定を迫られていた。経済封鎖により石油をはじめゴム、錫《すず》、銅、その他の重要物資の輸入が途絶え、そのストックは数ヵ月分しかなかった。『機密戦争日誌』には「一日の待機は一滴の油を消費す、一日の待機は一滴の血を多からしむ」とある。(14)

集団浅慮を防ぐには

前記条件のすべては、個人としての存在や努力、自発的意見の表明を封殺し、社会的手抜きを促進させることに強力に作用する条件であるといえる。ジャニスは、このような条件の力を緩和することが集団浅慮を防ぐ方法であることを強調している。たとえば彼は、リーダーの役割の重要性を指摘している。そして、集団成員がリーダーの顔色をうかがって意見を差し控えるといったことがなく、賛成意見、反対意見を自由に述べることができるような闊達《かったつ》な状況を作るようにしなければならないと述べている。そのためにはリーダーは聞き役に徹して、最終決断を行うときにはじめて意思表明をするといったことを提言している。あるいはリーダーからの暗黙のプレッシャーを回避するためにリーダー抜きの会合を催すこと、さらになるべく多くのオプションを用意して、その長所や短所についてさまざまな角度から詳細に吟味・議論することの必要性を指摘している。その他、集団が1つであれば、1つの偏った決定をしてしまう可能性は避けられないので、集団を分割して、そこで得られた結論を全体会議の場に持ち寄ってさらに議論するといった対策も提案している。またわざと反対意見ばかり主張する人物や利害関係がない外部の専門家を会議に参加させたりすることも奨励している。

このようなことは昔から言われていたことで、戦国武将の黒田長政《くろだながまさ》は「異見会」別名「腹立てずの会」というものを設けていたそうである。ここでは身分の違いを越えて議論することが奨励され、腹を立てて遺恨を持ったりしないことが決められていたということである。ただし、秘密を守ることは前提とされていた。ある日の会では激しく批判されたため、長政が立腹し顔色を変えると、家臣からたしなめられ、その場をとりつくろったこともあったということである。

集団浅慮を防ぐためにはこのような方法は有効かもしれないが、場合によってはなかなか議論がまとまらず、決定の時宜を逸してしまう可能性もある。迅速で良質な意思決定をいかに行うか、難しい問題である。

第5章　社会的手抜きとスポーツ

社会的手抜きはスポーツでも生じうる。それは団体競技のみならず個人競技でも発生する。個人競技の場合は複数の選手が存在するために、評価者や観衆の注意が分散するような状況で生じる。団体球技の社会的手抜きについてはサッカー、フロアボールに関する研究があり、リレーについては水泳や陸上の研究、その他にもチアリーダー、ボート競技の研究がある。スポーツ競技の社会的手抜きに影響する要因として取り上げられているのは、評価可能性、集団凝集性、疲労などである。

1　スポーツにおける社会的手抜き

集団球技における評価可能性と手抜き

評価可能性については、フロアボールの研究がある。(1) フロアボールとは、スティックを使ってボール（直径7センチメートル、重さ20グラムほどの穿孔《せんこう》した中空のプラスティック製）を相手のゴールに入れることによって得点する、ホッケーのような競技である。北欧で盛んに行われている。ここでは2日間にわたるトーナメント競技を利用して実験が行われた。

第1日目は評価可能性なし条件が設定された。この条件では、競技のリーダー（実験者4名）は普段通り「気合いを入れて相手に勝利しよう」と檄《げき》をとばした。そして個人の努力やパフォーマンスが記録されていることは一切触れなかった（ビデオカメラは隠されていた）。また応援による社会的促進の効果をなくすためにホールに観衆を入れなかった。

2日目は評価可能性あり条件であった。この条件では、リーダーはビデオカメラを見せて、個人のパフォーマンスや努力が記録されることを選手全員に伝えた。そして、この日も観衆は入れなかった。実験の結果、実際のパフォーマンス（ゴール数、シュート数、アシスト数、ボール奪取数、タックル数、ボール支配率、ボールの被奪取数などの合成得点による）や主観的努力（どの程度気合いを入れて試合に臨んだのかなどで尋ねた）について、差が見出された。すなわち評価可能性なし条件では、パフォーマンスも主観的努力も低くなり、社会的手抜き現象が現れた。

リレーにおける集団凝集性と手抜き

集団凝集性についても、陸上リレー競技を対象に研究が行われている。(2) 集団凝集性とは、集団のまとまりの程度を意味する。この研究では「このチームに対する所属感を持っている」

「チームのメンバーをよく知っている」「われわれはユニットとしてよく機能している」などの質問項目に対して、9段階尺度で評定を求め、凝集性を測定している。この研究では、相互理解、関係構築、協働、コミュニケーション、目標設定、リーダーシップ、役割の明確化と受容、チーム規範といったテーマのもとで、研修訓練を2日間（正味12時間）にわたって行う凝集性の高いチームと、何もしない低いチームを作った。選手の課題は30メートルの短距離走であった。そして4名からなるリレーチームとして2つの条件下（評価可能性の有無）で他チームと競走した。

評価可能性あり条件では、個人のスプリットタイムとチーム全体のタイムが測定されているとの説明がなされた。評価可能性なし条件では、チーム全体のタイムだけが測定されていると説明された。

実験の結果、集団凝集性が高い条件（チーム）では評価可能性の有無に関係なく社会的手抜きは生起しなかった。いっぽう凝集性が低いチームでは評価可能性なし条件で社会的手抜きが生じた。この実験により、チームの凝集性を高めることが集団競技の動機づけの低下を防止することに効果があることが明らかにされた。凝集性の効果はサッカーでも確認されている。

疲労と手抜き

疲労の影響については、ボート競技の女性選手（1チーム6人、オーストラリアのニューサウスウェールズ州代表）を対象とした研究が行われている。(3) 実験条件は全力で一漕《ひとこ》ぎする条件、1・5分間漕ぐ条件、10分間連続して漕ぐ条件であった。そしてそれぞれの条件で、単独で行う場合と集団（6名）で行う場合があった。すなわち全部で6種類の条件を設定し、条件間の比較を行った。選手は実験前にヘッドコーチから全力で漕ぐように指示された。そしてパフォーマンスは記録され、それをコーチが評価すると伝えられた。

その結果、主観的な努力の程度は集団条件（能力の91%）のほうが個人条件（能力の87%）よりも高かったが、実際のパフォーマンスは個人条件のほうが優れる傾向があった。ただし、明確な社会的手抜きが見られたのは、集団で10分間連続して漕ぐ条件であった。つまり評価可能性が相対的に低く、かつ疲労が蓄積するような条件で、パフォーマンスの低下が顕著になったのである。

なお、この実験では、州代表選手という動機づけが高く、かつ個人にとっての報酬価値が高い課題でも社会的手抜きが生起することが明らかになった。さらに主観的な努力と実際のパフォーマンスは一致せず、主観的には皆と一緒に競技するような状況のほうが力を発揮できていると選手は思っているが、実際は単独で行うほうが、成績が良いことも明らかになった。

2 ホーム・アドバンテージ

ホーム・アドバンテージとは

ここからは、プロスポーツで見られる社会的手抜きと関連した現象について取り上げる。前記研究から、集団成員の動機づけが高く、報酬価も高い課題でも状況によっては社会的手抜きが生起することが明らかになった。このような状況の1つが、野球におけるホーム（本拠地）球場かアウェイ（敵地）球場かという試合球場の違いである。一般に、ホーム球場で開催される試合のほうが、アウェイ球場での試合よりも勝率が高いといわれている。ホーム球場での平均勝率が5割を超える場合を、ホームの有利性（ホーム・アドバンテージ：home advantage）と呼ぶ。この現象をアウェイ・チームから見ればアウェイ・ディスアドバンテージ（away disadvantage）ということになる。

この現象の背後には、ホーム・チームの動機づけの高まりとアウェイ・チームの動機づけの低下が表裏一体となっているものと思われる。アウェイ・チームの動機づけの低下の原因の1つとして、ホーム観衆の目が届きにくいという意味での評価可能性の低下が考えられる。すなわち社会的手抜きとホーム・アドバンテージは現象としては正反対のものであるが、そのメカニズムは共通している可能性がある。ホーム・アドバンテージがどんな状況で生じるか、また、その要因は何かについて、以下でくわしく説明しよう。

日米プロ野球の比較

筆者はホーム・アドバンテージ（アウェイ・ディスアドバンテージ）の普遍性と地域差の存在を明らかにするために、日米のプロ野球データを分析した。ホーム・アドバンテージは野球だけでなく、サッカーなど他のプロスポーツにも見られるが、数あるスポーツの中で精密かつ長期間のデータが日米両国において存在するのはプロ野球のデータである。そこで筆者は主にプロ野球のデータに基づいて、ホーム・アドバンテージに影響する諸要因について検討した。

日米の球団数とフランチャイズ移動の変遷

ところで日米のプロ野球は歴史的、社会的、地理的な面で異なっている。歴史的な面では米国のプロ野球のほうが伝統がある。米国では１８７６年にナショナル・リーグ、１９００年にアメリカン・リーグが結成された。結成当時は両リーグ８球団、全部で16球団であった。その後、球団数が増加し、とくに最近40年間の増加は著しい。１９６０年から70年代にかけて９球団、１９９０年代に４球団が大リーグに加わった。現在ではカナダにある２球団を含め全部で30球団がある。それに対して日本のプロ野球は、１９３６年に８球団で始まり１９４５年の中断をはさんで現在まで続いている。しかし現在のような２リーグ制となったのは１９５０年である。日本のプロ野球の場合、１９６０年以降、フランチャイズが変わった球団や合併した球団、新設球団はあるが、球団数の増減はない。現在の球団数はセ・リーグ６チーム、パ・リーグ6チーム、あわせて12チームで構成されている。

このように日米のプロ野球は、球団数とチームの変遷の程度に差がある。筆者は、レギュラーシーズンに関しては1962年から2001年までの40年間のデータを分析した。この期間の球団の変遷に関しては日本のほうが米国より少ない。日本のほうが全体的にフランチャイズが安定している。これは、この期間のホーム・アドバンテージの程度は日本のほうが米国より高いことを示唆する。

いっぽう、米国のホーム・アドバンテージのほうを高める可能性がある要因も存在する。その第1は米国の球団のほうが自治体との結びつきが強いことである[4]。米国の場合、チーム名をニューヨーク・ヤンキースのように都市名を頭につけて呼ぶ。ところが日本の場合、読売巨人軍のように企業名を頭につけているチームがほとんどである。このことは日本では自治体がプロ野球の運営にほとんど力を貸さなかったことにも起因している[4]。そのために地域とホーム・チームの関係は米国のほうが強く、米国では球場のほとんどがホーム・チームのファンで占められるのに対して、日本ではアウェイのファンの割合が数十%を占めることもある。ゆえに観衆数が勝敗に及ぼす影響は米国のほうが日本より大きいことが考えられる。

第2は米国のほうがチームの移動距離が長く、たとえば同じリーグのチームがあるニューヨークとロサンゼルスの距離（東西）は3940キロメートルで、モントリオールとマイアミの距離（南北）は2270キロメートルである。これに対して、当時、日本の同じリーグの球団のフランチャイズがある都市の中で最も遠い都市である千葉と福岡間の距離は900キロメートルである。さらに、プロ野球球団のほとんどが東京周辺と大阪周辺に集中している。これは両国の間で移動に伴う疲労が大きく異なる可能性がある。

このように、日米それぞれにおいてホーム・アドバンテージを強める可能性がある要因と弱める可能性がある要因が存在する。

分析にさいし、レギュラーシーズンに関しては大リーグについても1962年から2001年までのデータを対象とした。ワールドシリーズと日本シリーズに関しては1951年から2008年までのデータを分析対象とした。データ分析にさいしては、いっぽうのチームが4戦全勝したケースはチームの実力差が大きく、ホーム・アドバンテージの効果が現れないということが考えられるために分析対象から除外した。また引き分け試合が含まれる場合と、ホーム球場が同じで全試合が同一の球場で行われたケースも分析から除外した。

分析は次の5項目について行った。①試合の重要性、②移動距離要因、③観衆効果、④フランチャイズの移動効果、⑤ルール要因である。試合の重要性は社会的手抜き要因の報酬価と関連し、移動距離は疲労要因、観衆効果とフランチャイズの移動の効果は評価可能性要因と関連しているものと考えられる。ルール要因は社会的手抜きと直接の関連はないが、ホーム・アドバンテージに影響する可能性があるので、取り上げることにした。

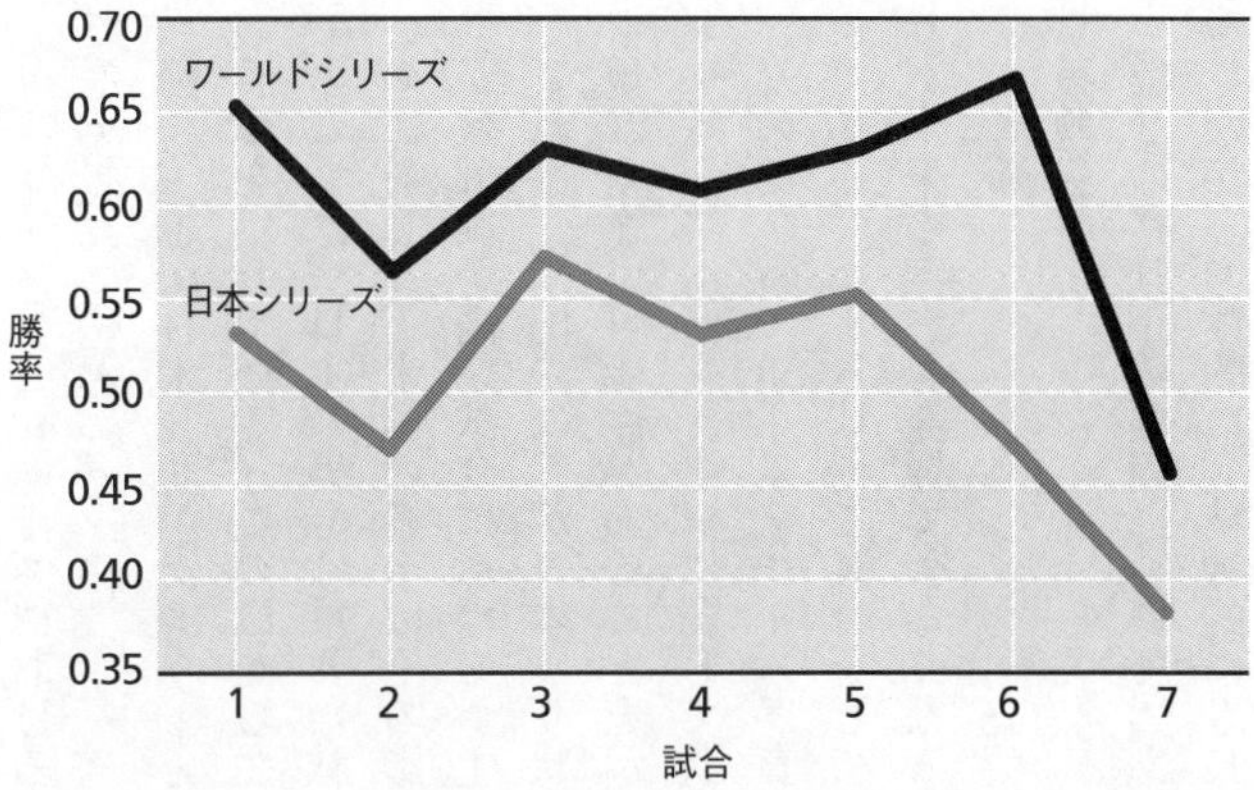

図5-1
日本シリーズとワールドシリーズにおけるホーム・チームの勝率
（1951年〜2008年）

試合の重要性

第1の試合の重要性についてであるが、ここではレギュラーシーズンのデータだけでなくワールドシリーズや日本シリーズのデータの分析を行うことにより、重要な試合の特徴を明らかにすることを試みた。シリーズの試合はレギュラーシーズンの試合より報酬価が大きいために、選手の動機づけが相対的に大きくなることが考えられる。

分析の結果、日本のプロ野球のレギュラーシーズンのホームでの勝率は53・36％、米国のそれは53・78％であり、ホーム・アドバンテージが存在することが明らかになった。また、両国間にほとんど差がないことがわかった。いっぽうシリーズに関しては日米のホーム勝率はそれぞれ52％と62％で約10％の明確な差が見出された。また日本の場合はレギュラーシーズンとシリーズにおけるホーム・アドバンテージの差はなく、米国の場合は両者間で差があった。

図5－1に日本シリーズとワールドシリーズの全試合（第1戦～第7戦）のホーム・チームの勝率を示している。この図からすべての試合において米国の勝率のほうが高いことがわかる。このことは、日本の場合は重要な試合であろうがなかろうがホームの影響はほとんど変わらないのに対して、米国の場合はその影響が明確であったことを示している。すなわち、米国のほうが報酬価が高い試合におけるホーム・チームの動機づけの上昇が顕著であった。

これは、米国のほうが日本より状況によってパフォーマンスが変動しやすく、社会的手抜きも現れやすい可能性があることを示唆している。ただし、折れ線の形は日米で類似していて、ホーム・アドバンテージに関して共通したメカニズムが働いていることもうかがえる。

なお第7戦でホーム・チームが負けやすいのはチャンピオンシップ・チョークと呼ばれる現象である。ホーム球場で試合をしていて、しかも優勝を目前にすると窒息したような状態になり、本来の実力を発揮できなくなるといわれている。

移動距離

第2の移動距離要因についてであるが、ホーム球場では移動による疲れもなく、普段の生活をしながら肉体的にも精神的にも良い状態で試合に臨むことができると考えられる。しかし、移動に列車を使用していた1932年の大リーグのデータと、飛行機が移動の手段となった1952年のデータを比較した研究によれば、ホーム・アドバンテージにほとんど差がないことが明らかになっている。(5) そのため、移動による疲労はホーム・アドバンテージに影響しないと考えられる。

筆者は、日本のプロ野球のデータに基づいて、ホーム球場が同じ都市、あるいは近接都市にあるチームどうしのホーム・アドバンテージと、移動するのに新幹線か航空機が必要な遠隔地にあるチームどうしのホーム・アドバンテージを比較した。それにより、日本でも移動距離がホーム・アドバンテージに影響するのか否かを確認した。

日本においてはセ・リーグの場合、1962年から現在に至るまで各地域の球団数は変わらない。すなわち京浜地域の球団数は3で関西、名古屋、広島が各1である。それに対してパ・リーグの場合は変動がある。1978年までは京浜3、関西3、福岡1であり、79年から88年までは京浜3、関西3であり、89年から2003年までは京浜3、関西2、福岡1である。その後も変化があるが、ここでは2001年までの各年ごとの球団の所在地データに基づき分析を行った。

1962年から2001年までのセパ両リーグで、相手が同地域のチームの場合のホーム・チームの勝率は53%、相手が異地域のチームの場合54%でほとんど差がなかった。日本の場合も移動距離はホーム・アドバンテージにほとんど影響しないことが明らかになった。

観衆要因

第3の観衆要因に関しては、多くの研究がその効果を確認している。とくに米国では、ホーム・アドバンテージが観衆の人口密度や観客数の増加によって増大することをいくつかの研究が明らかにしている。さらに、観衆の応援が攻撃面を促進することを明らかにしている研究もある。

筆者は、日本のプロ野球でもホーム球場の観客数の効果が存在するか否かを明らかにすることを試みた。表5－1は1996年から2001年の勝敗と観客数を表したものである。分析の結果、米国の場合、勝ち試合と負け試合で観客数に1000人以上の差が見出されたが、日本の場合は差が少なかった。日本の場合は、観衆の数は勝敗に影響しない可能性が高いことが示唆される。すなわちホーム球場では熱心な観客の存在や評価が重要なわけで、観客の数が少なければ動機づけが低下することにはならないのかもしれない。逆に考えればチームが強いからといって、必ずしも観客が増えるわけでもないということでもある。

●表5-1
試合結果と観客数平均

勝敗	日本	米国
ホーム勝利	27840	29526
ホーム敗北	27215	28496

フランチャイズの移動

第4のフランチャイズの移動の要因も観衆要因と関連している。フランチャイズを移動した直後はホームといっても未《いま》だなじみがないところであり、観衆の期待も高くはないので、アドバンテージの程度は低いと考えられる。

1950年代から2001年までの、フランチャイズを変更した日米の主な球団は以下の通りである。

ブルックリン・ドジャース⇒ロサンゼルス・ドジャース（1958年に移動）
ワシントン・セネターズ⇒ミネソタ・ツインズ（1961年）
ミルウォーキー・ブレーブス⇒アトランタ・ブレーブス（1966年）
カンザスシティー・アスレチックス⇒オークランド・アスレチックス（1968年）
ニューヨーク・ジャイアンツ⇒サンフランシスコ・ジャイアンツ（1958年）
大洋ホエールズ（川崎）⇒大洋ホエールズ（横浜）（1978年）
西鉄ライオンズ（福岡）⇒西武ライオンズ（所沢）（1979年）
南海ホークス（大阪）⇒ダイエーホークス（福岡）（1989年）
阪急ブレーブス（西宮）⇒オリックス・ブレーブス（神戸）（1989年）
ロッテオリオンズ（川崎）⇒ロッテマリーンズ（千葉）（1992年）

筆者は右記の各球団のホームでの勝ち数と、アウェイでの勝ち数の差を分析した。表5－2はフランチャイズを変更した年を含めた5年間のデータと、その後の6年間のデータを示したものである。表に示されているように米国の場合、フランチャイズ変更の影響は少なく、移動直後からホーム・アドバンテージが見られるのに対して、日本の場合、変更直後はホーム・アドバンテージの程度が低く、5年を経過したころから高くなることが明らかになった。このデータからも、球場に対する慣れの早さや観衆効果は米国のほうが大きいことが示唆される。

●表5-2
フランチャイズ変更球団のホーム球場とアウェイ球場における勝ち数の差

フランチャイズ移動後の経過年	日本	米国
0〜4年	27	128
5〜10年	187	185

ルール要因

第5のルール要因に関しては、野球の場合、ホーム・チームは後攻となるために先攻の得点結果に応じて戦術が選択できることが考えられる。たとえば相手がその回の表に1点しか取らなかった場合、後攻側はなるべく1点を入れるようにバント戦法などを用いるだろう。また3点も4点もリードされてしまえば積極的に打って出て、なるべく多くの点を取ろうとするであろう。これに対して、先攻側は相手の得点に応じて作戦を変える機会が少なくなるからその分だけ不利になる可能性がある。ルール要因の効果を明らかにするために、1999〜2003年までの日本の高校野球全国大会の春夏全試合の勝敗を合わせた結果について検討した。結果は裏が攻撃のチームの勝数は192、表が攻撃のチームのそれは208であった。ホーム・アドバンテージの存在しない高校野球で裏が有利というデータが得られなかったので、ルール要因は棄却され、ホーム・アドバンテージがルール要因によるものではないことは明らかである。

日米のホーム・アドバンテージの違い

以上の結果から、ホーム・アドバンテージに関して、日米に共通する面と異なる面があることが明らかになった。共通する面としては、第1に両国ともにレギュラーシーズンに関しては53〜54%のホーム勝率があり、勝率に関してはほとんど差がないことである。第2は、日本でも移動距離の効果は米国の研究結果と同じく明確な差は見出されなかったことである。すなわちホームが同じ地域の対戦相手に対するホーム勝率と、異なる地域の相手に対するホーム勝率間に差は見出されなかった。第3はルールによる有利性、すなわち後攻と先攻の差も米国の研究(6)と同じく全く存在しないことが明らかになった。

いっぽう、異なる面としては、第1にシリーズのような重要な試合で日米差が顕著になることが明らかになったことである。すなわち日本シリーズのホーム・アドバンテージの程度はワールドシリーズのそれよりも低く、そしてその差はレギュラーシーズンよりも大であった。第2は観衆効果である。米国のホーム・チームは勝利した試合では観客数が多いのに対して、日本のチームは勝敗と観客数に関連は見出されなかった。第3はフランチャイズ変動に関して、日本の球団は最初の5年間はホーム・アドバンテージの程度が低い。いっぽう米国は移動直後から一貫してホーム・アドバンテージが存在することが明らかになった。すなわち、米国のほうがフランチャイズに対して早く順応することが明らかになった。

日米差の原因

このような日米差の原因としては、以下の2つが挙げられる。

第1に、社会的手抜きと同様に努力観の文化差による可能性がある。すなわち日本人は米国人にくらべて評価可能性が高かろうが低かろうがパフォーマンスは変動せず、首尾一貫して努力することが考えられる。努力に対する価値観が日米で異なることがホーム・アドバンテージの違いの原因の1つかもしれない。ただし、この点に関して日米間でほとんど違いはないとする報告もある。

2004年1月に発表された内閣府による第7回世界青少年意識調査によれば「社会に出て成功するのに重要なもの」として努力を挙げた割合は、日本75・6%、米国72・2%、韓国67・5%、スウェーデン66・4%、ドイツ56・8%であった。この結果によれば日米ともに他国より努力を重視している傾向がうかがえる。[7] ゆえに、この要因だけではホーム・アドバンテージの日米差を説明できないであろう。

第2は、日米間で作戦が異なっている可能性もある。

1999年から2003年のドラフトによる日本プロ野球全球団の入団者数は410名で、そのうち投手数は217名、投手の割合は約53%である。さらにドラフト1位と自由獲得枠の選手に限れば69名のうち50名（72%）は投手である。

それに対して大リーグの場合は、ドラフト5順目までの入団者数は８１８名で投手は４１９名（51%）である。ドラフト１位の選手に限れば、全入団者数は２１３名で投手は１１４名（54%）である。投手が入団者数の全体に占める割合は日米間に差は見られないが、ドラフト１位と自由獲得枠の選手に限れば日本のほうが米国より投手の占める割合が明らかに多い。

このことから日本の監督は米国の監督より、試合が重要であればあるほど攻撃力より投手力（防御力）を重視している可能性がある。重要な試合でホーム・アドバンテージの程度が日本のほうが低いのは、試合ごとに変動する可能性が高い攻撃力より、相対的に安定した防御力を重視していることに起因している可能性もある。

プロ野球と高校野球の違い

野球に関しては日米の差だけでなく、プロ野球と高校野球の差もある。

図5－2と図5－3は、プロ野球と甲子園で行われた高校野球の試合で10点以上の大量得点をした試合と、無得点だった試合の失点を示したものである。この図からプロ野球の場合は大量得点をした試合ではホーム、アウェイにかかわらず失点も多いことがわかる。いっぽう、高校野球の場合は大量得点をあげた試合のほうが失点が少ない。プロ野球では大量得点をしている試合では少々エラーをしても、あるいは少々打ち込まれても、試合に負けて責任を問われる

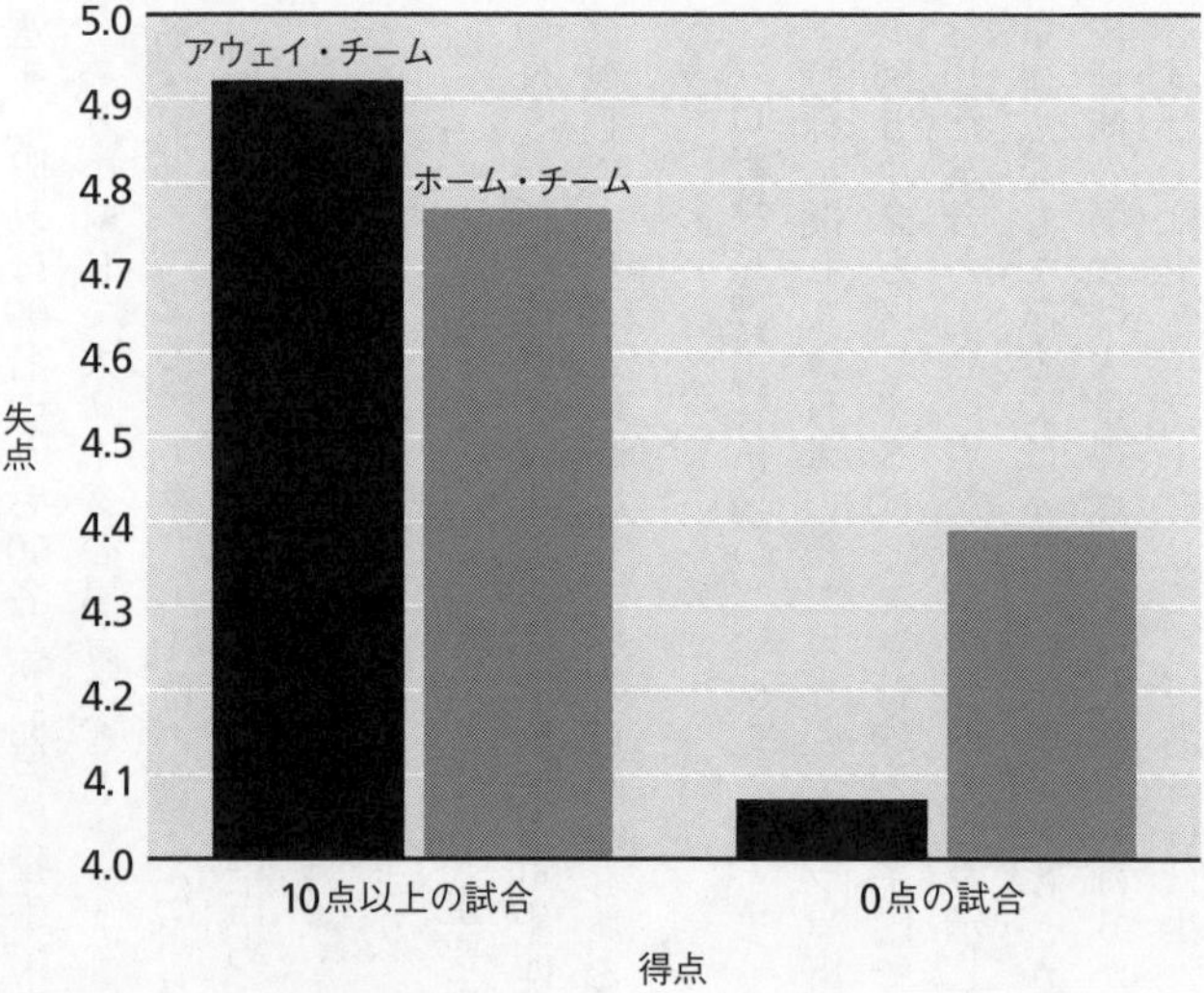

図5-2
プロ野球球団の得点と失点の関連(2002年〜2007年)

可能性は低い。そのため失点をあまり気にしなくなり、ある意味で社会的手抜きをしているかもしれない。あるいは監督が失点を気にせず、力不足の投手の起用をして手抜き作戦をしている可能性もある。

それに対して高校野球の場合はそのような手抜きは存在せず、得点をすればするほど、守備にも力を入れるということを示しているのであろう。あるいは、投手力が安定している場合は打力も活発であることを示しているのかもしれない。このような得失点のデータから、高校野球とプロ野球の試合に対する意気込みや真摯《しんし》な態度の差が見てとれる。

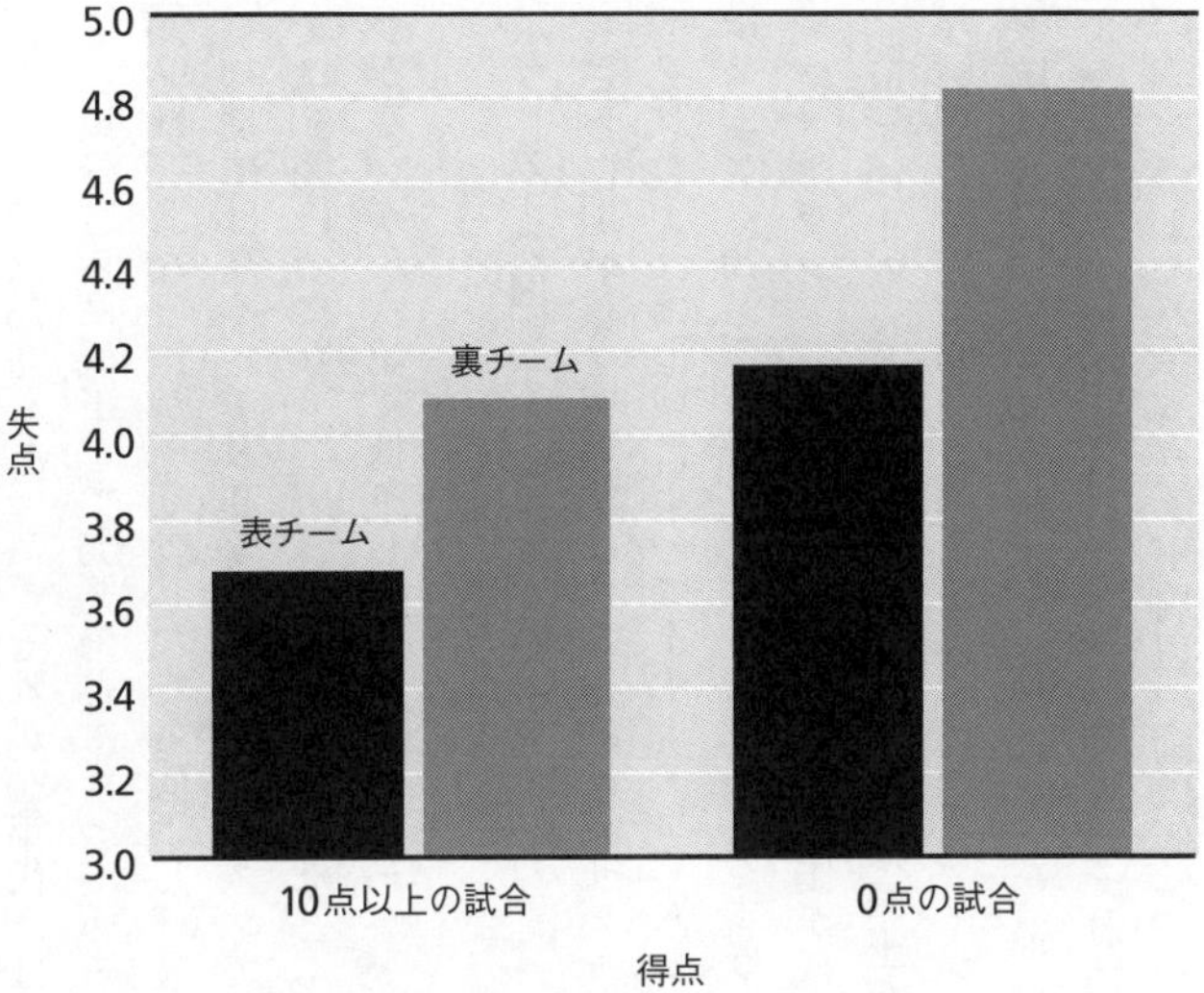

図5-3
高校野球甲子園春夏大会の得点と失点の関連（1982年〜2011年）

ホーム・アドバンテージの時代差と地域差

ホーム・アドバンテージは時代によって変化し、また地域によって異なっている。米国のプロスポーツである野球（１８７６〜２００２年）、アイスホッケー（１９１７〜２００３年）、アメリカンフットボール（１９３３〜２００２年）、バスケットボール（１９４６〜２００３年）、英国のサッカー（１８８８〜２００３年）の試合40万試合を調べた研究がある。[8]

それによれば野球のホーム・アドバンテージは19世紀は60%であったが、現在では54%に低下していることがわかった。アイスホッケーも初期はアドバンテージが高く、１９２２〜23年のシーズンでは75%もあった。それが30年代には60%ほどになり、その状態が70年代まで続き、それ以降さらに低下して55%ほどになっている。バスケットボールは1950年代に一時的に75%ほどになったが、変動しながら低下し、最近では60%ほどになっている。英国のサッカーも初期には高く、1895〜96年のシーズンでは73%ほどのアドバンテージであったが、最近では60%ほどになっている。このようにほとんどのスポーツで初期にはホーム・アドバンテージが高いが、次第に低下していくことがわかった。

サッカーの国別ホーム・アドバンテージ

さらに地域差を明らかにするために、サッカーのデータを調べている研究もある。(9)それによれば地域によってホーム・アドバンテージが異なることがわかる。ヨーロッパではボスニア(79%)やアルバニア(77%)のようなバルカン諸国が高く、スウェーデン(57%)やフィンランド(57%)のような北欧諸国が低い。それからルクセンブルク(54%)やマルタ(53%)のような小国は最も低い。小国は国土が狭いのでホームもアウェイもないのかもしれない。ドイツ(63%)やイタリア(64%)、イングランド(62%)、スペイン(64%)といった強豪国は6割強である。南米も地域によって違いがある。ボリビア(74%)やペルー(70%)のようなアンデス山脈付近の国は高い。それに対して、アルゼンチン(58%)やウルグアイ(52%)のようなラプラタ川周辺の国は低い。ブラジル(64%)はその中間である。アジアに目を向けると、日本（56％）と韓国（56％）は低い。これは東アジアの文化の影響とも考えられるが、中国（65％）はそうでもない。国土面積や文化、国内リーグのシステム、地域性、プロリーグ成立からの年月の長さなどが複合的に影響していると考えられる。

このようなホーム・アドバンテージの時代差と地域差のデータから示唆されるのは、歴史が浅く、選手や観客の競技に対する情熱が高い時代や競技に対する思い入れが強い地域ほどアドバンテージが高く、競技が次第に洗練されシステム化・ルーチン化されればアドバンテージは低下することを示しているかもしれないということである。すなわち、アウェイ・チームとホーム・チームの選手の主観的報酬価が接近するほどアウェイ・チームの社会的手抜きは生起しないということを意味している可能性もある。

3　応援の効果

応援は効果があるか

ファンもマスコミも、それから選手自身も、観客の応援が選手の動機づけを高めるものと思っている。プロ野球のヒーローインタビュー時のお立ち台に立った選手の決まり文句は、「応援よろしくお願いします」である。しかし、応援の効果については研究者によって見解が分かれている。またあったとしても、それほど大きな効果はなさそうである。

英国のサッカーファンにインターネット調査をした研究によれば、ホーム・チームが勝った場合には自分たちの応援が勝利を促し、相手チームの作戦を妨害したり意気消沈させたりしていると思い込んでいるということである。(10) しかし負けた場合には自分たちに責任があるなどとは思わない。そしてこのような傾向は、年間チケットを持っている熱心なファンほど強いことがわかった。熱心なファンの場合、チームに対する想いが自分のアイデンティティの一部になっていて、応援することがその確認作業の一環になっているということである。

応援は選手のパフォーマンスを阻害する

応援がパフォーマンスに及ぼす影響について検討したものもある。(11) この研究では東大、京大、名古屋大、大阪大の体育会ソフトテニス部に所属している男女大学生72名に、応援と失点の関係について調査した。

調査内容は味方の応援がある場合とない場合、重要な試合と重要でない試合、有利な状況と不利な状況での認知上の（主観的な）失点確率と実際のゲームでの失点確率であった。調査は場面想定法を用いた。たとえば応援があって重要な試合の場面は「あなたは今、テニスの試合をしています。その試合はあなたにとって、とても重要な大会です。自分の後ろにはたくさんの味方の応援がいます。続く質問に回答して下さい」というものであった。また重要でない試合で応援がない場面は「あなたは今、テニスの試合をしています。その試合は、校内戦もしく

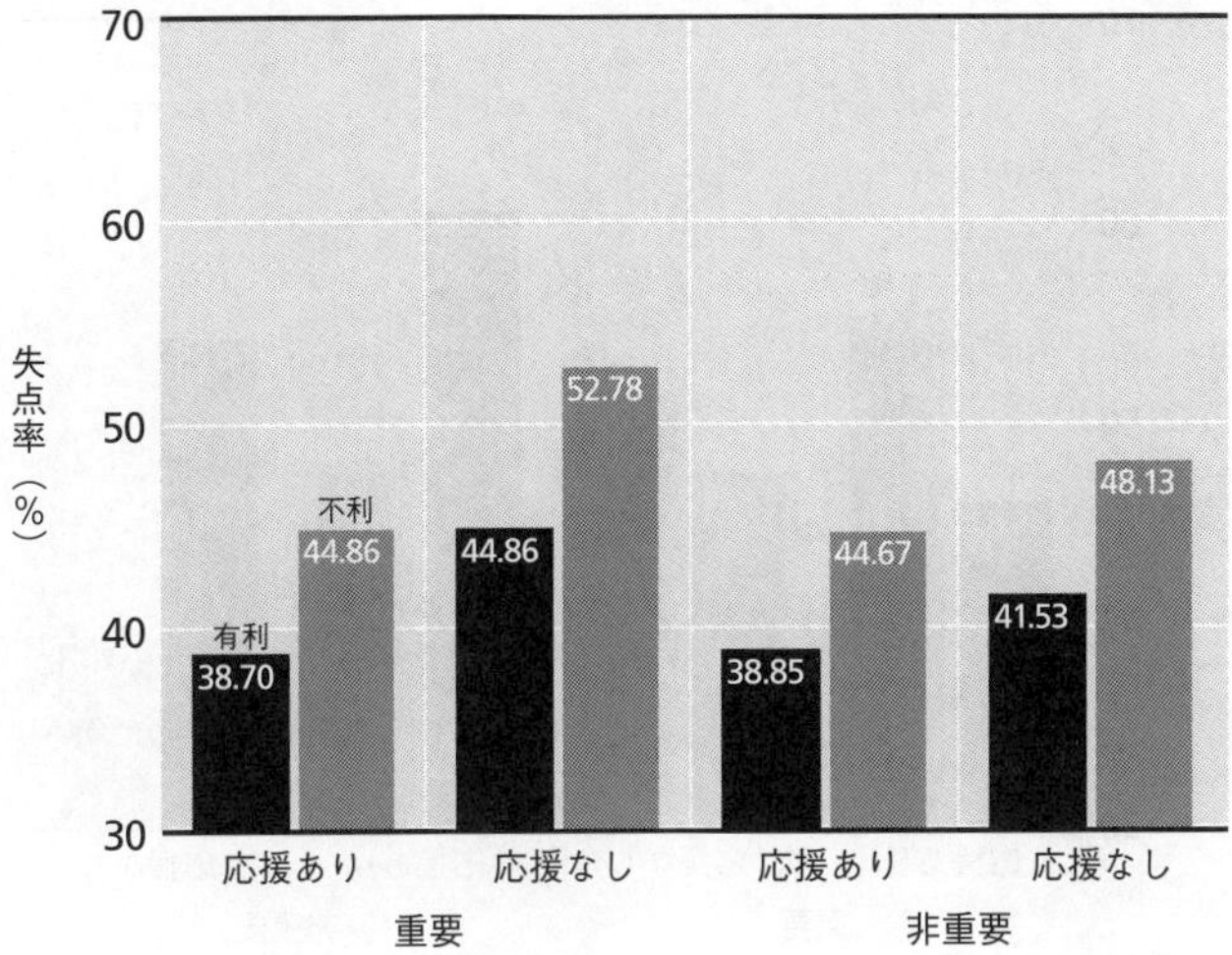

図5-4
ソフトテニスの主観的失点確率

は練習試合です。仲間の応援はなく、また自分の後ろに敵の応援がいます。続く質問に回答して下さい」というものであった。また有利な状況は、あと1点取ればゲームを取るカウントや、あと1点取れば試合に勝つカウント、それからあと1点取れば試合に勝つファイナルゲームでのカウントであった。いっぽう不利な状況は前述の状況の逆の状況であった。そして被験者は「どのくらいの確率で失点すると思うか」という質問に回答した。また実際のゲームでの失点確率は、前述の場面想定法で設定した場面と対応する場面のデータをピックアップし分析した。

図5－4は主観的な失点確率を示したものである。この図から、重要な試合であろうがなかろうが、応援があったほう

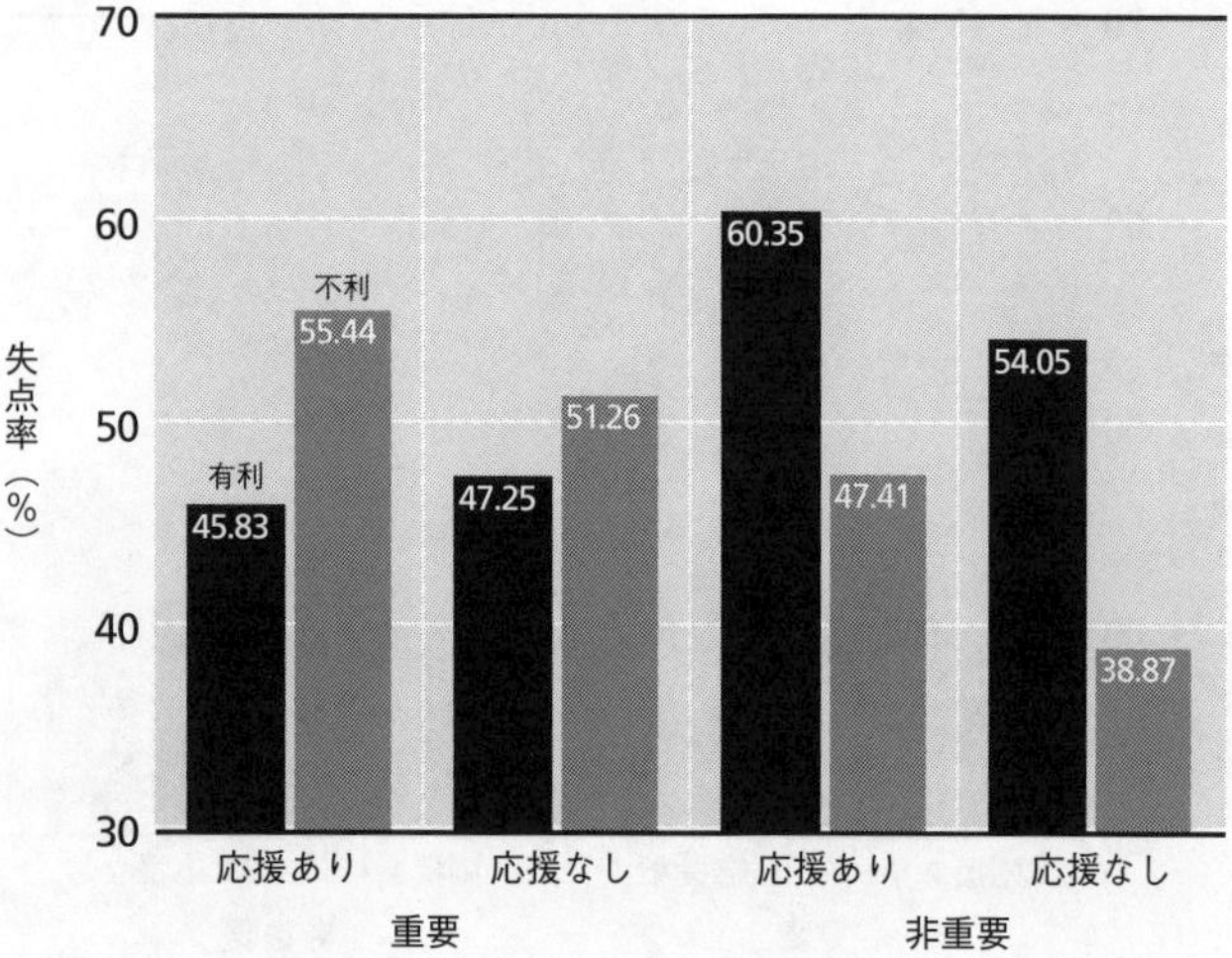

図5-5
ソフトテニスの実際のゲームでの失点確率

が失点確率は相対的に低いと考えられていることが示されている。

いっぽう、図5－5は実際のゲームでの失点確率を示したものである。この図から、重要な試合では応援の有無は失点確率にほとんど影響せず、重要でない試合では応援があったほうがむしろ失点確率が高いことがわかる。

このような分析からわかることは、応援は主観的には選手のパフォーマンスを向上させると思われている（選手自身も思っている）が、現実はそのようにならず、逆に応援は、どちらかといえば選手のパフォーマンスを阻害する傾向が強いということである。

応援が審判の判断に与える効果

観客の応援は選手に影響を与えるだけでなく、審判の判断にも影響することが明らかにされている。審判はホーム・チームに有利な判定をするように、観客から絶えず圧力をかけられているともいえる。

英国のサッカーの審判40人に、47の抗議場面のシーンを見せた研究がある。[12] このうちの半数の審判には、観客が出す騒音と一緒に抗議場面を提示した。残りの半数は音を消して提示した。そして各抗議場面について4種類の判断（ホーム・チームのファウル、アウェイ・チームのファウル、ファウルなし、不明）を求めた。実験の結果、音声なし条件のほうが審判の自分の判定についての自信が強く（不明が少なく）、ホーム・チームのファウルの判定頻度が高かった。この研究から、観客の応援が審判の判断をホーム・チームに有利に働かせることが確認された。

さらにイエローカードやレッドカードが与えられる数やペナルティーの数もアウェイ・チームのほうが多いことを明らかにしている研究もある。また正規試合時間後のアディショナル・タイムの長さは主審が決めるのであるが、これはホーム・チームがリードされているときは長くなり、リードしているときは短くなることもデータ分析により明らかになっている。このようにホーム・アドバンテージはある程度、審判のホーム・チームに対するえこひいきが影響している可能性もある。

4　八百長

実力差と偶然と

プロスポーツはショービジネスであり、興行である。観客の興味や興奮を高めるように編成し実行する必要がある。強い者が必ず勝利するようであれば、ショーとしては成立しない。勝敗は本来の力と偶然と動機づけ（手抜きや頑張りを含む）によって決定されていると考えられる。本来の力のみで勝敗が決定するのであれば、試合をする必要はないし、すべてが偶然によるものであればスポーツではなくなる。本来の力と偶然と動機づけがよい塩梅《あんばい》に組み合わされていて、場合によっては弱い者が勝つことがあるほど面白い。

日本シリーズは先に4勝したほうが勝ちである。たとえば強いチームと弱いチームの実力に10%の違いがあったとする。その場合、強いチームが1試合に勝つ確率は55%、弱いチームが勝つ確率は45%と計算できる。強いチームが4連勝する確率は$0.55^4 = 9.15\%$、4勝1敗の確率は4通りのケースがあるので$4 \times 0.55^4 \times 0.45 = 16.47\%$、4勝2敗は10通りであるので$10 \times 0.55^4 \times 0.45^2 = 18.53\%$、4勝3敗は$20 \times 0.55^4 \times 0.45^3 = 16.68\%$となる。これを合計すれば60・8%ほどになる。つまり強いチームがシリーズで優勝する確率は60・8%で、1割も実力差がある弱いチームが優勝する確率が40%近くもあることがわかる。10回に4回は弱いチームが優勝してしまう。

実力差が33%（強いチームの勝利確率が弱いチームの約2倍の66%）あっても確率論的には弱いチームが優勝する可能性は2割も残っている。この偶然と実力のグレーゾーンに八百長や手抜きが入り込むことになる。弱者の勝利が偶然によるものか、手抜きを含む動機づけによるものなのか識別することは難しい。

相撲の八百長

観衆の目が届きにくいところで行われるのが八百長である。1969年に西鉄ライオンズの選手数名が公式戦で暴力団関係者にわざと試合に負ける敗退行為を持ちかけられ、それを実施していたことが明らかになり、かかわった選手が球界から永久追放処分となったことがある。

また大相撲でも2011年に八百長が発覚し、20名以上の力士が引退勧告を受けた。1989年初場所から2000年初場所の千秋楽における勝敗の分析を行った研究がある。[13] それによれば、7勝7敗の力士による8勝6敗の力士に対する勝率は79・6%（期待値48・7%）となり、9勝5敗（期待値47・2%）の力士に対しては73・4%の勝率となっている。いずれも期待値より30%近く上回っている。これは異常といえば異常な数値である。

周知のように8勝7敗は勝ち越しであり、原則として番付（順位）が上昇し、7勝8敗であれば負け越しとなり、番付が低下する可能性が高い。番付は待遇と直結していて、たとえば十両から幕下に陥落すれば無給になる。経済面ばかりではなく地位や名誉といった報酬ともつな

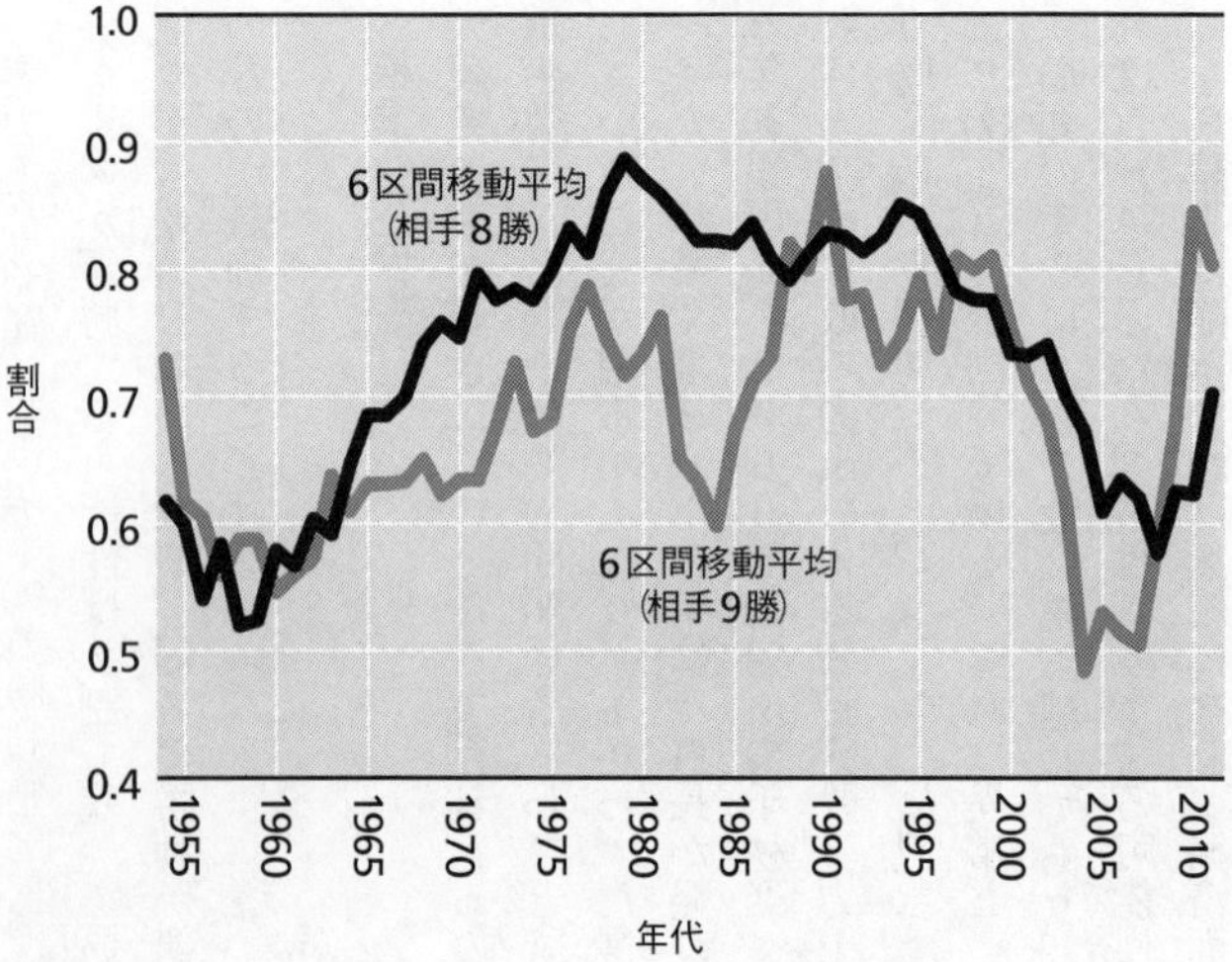

図5-6
八百長と社会的手抜き（大相撲千秋楽7勝7敗力士の勝率）

がっている。ゆえに勝ち越すか負け越すかは力士にとって死活問題である。とくに大関とそれ以下は待遇面で大きな違いがあるばかりでなく、大関になれば2場所連続して負け越さなければ地位が下がることはないという特徴がある。ある場所で全敗しても、次の場所で8勝7敗であれば、その次の場所で全敗しても大関の地位にとどまることができるのである。大関の人数が多くなれば地位が固定化し、毎場所同じような相手との取組となる。そうなれば互いに対する配慮の程度も大きくなることは避けようがない。

筆者は、1949年から現在に至るまでの十両と幕内の取組の全データを分析した。1955～62年（栃若《とちわか》時代）は、7勝7敗の力士による8勝6敗の力士に

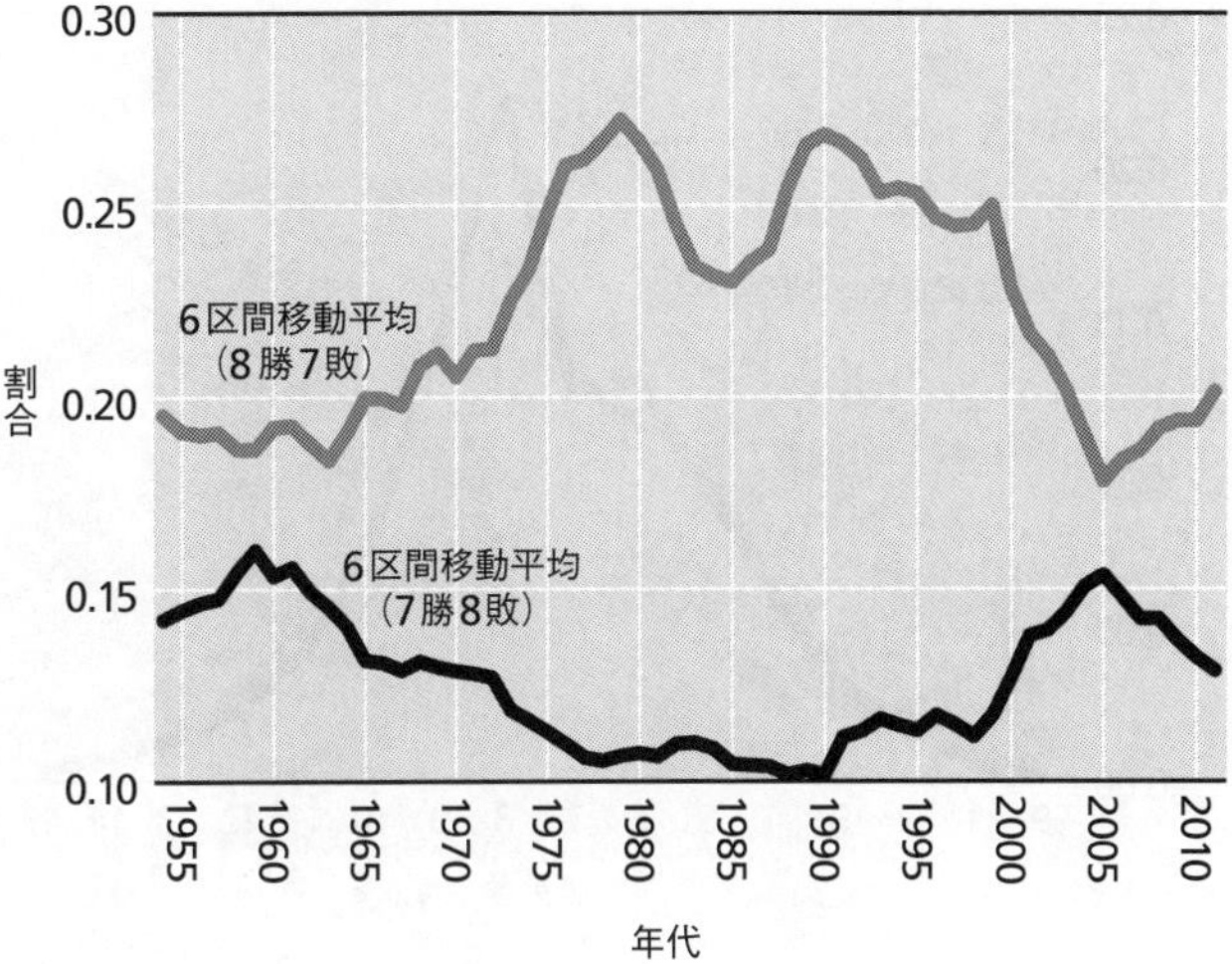

図5-7
八百長と社会的手抜き（大相撲8勝7敗と7勝8敗の割合）

対する勝率は59％となっている。しかしながら徐々に上昇し、１９７５〜95年（当時の主な横綱は北《きた》の湖《うみ》、千代《ちよ》の富士《ふじ》など）の20年間は84％である。その後徐々に低下している。低下の原因は不明だが、１９９５年11月九州場所における若乃花《わかのはな》と貴乃花《たかのはな》の優勝決定戦の八百長疑惑について週刊誌が大々的に取り上げたことや、２０００年１月21日に日本外国特派員協会で板井圭介《いたいけいすけ》氏が講演を行い、その中で八百長にかかわった力士（横綱を含む20名）の実名を挙げたことなども影響しているとも考えられる。

図５－６は、千秋楽の取組前７勝７敗の力士が８勝６敗の力士や９勝５敗の力士と対戦した場合の勝率を、年代順に描いたものである。この図から、７勝７敗

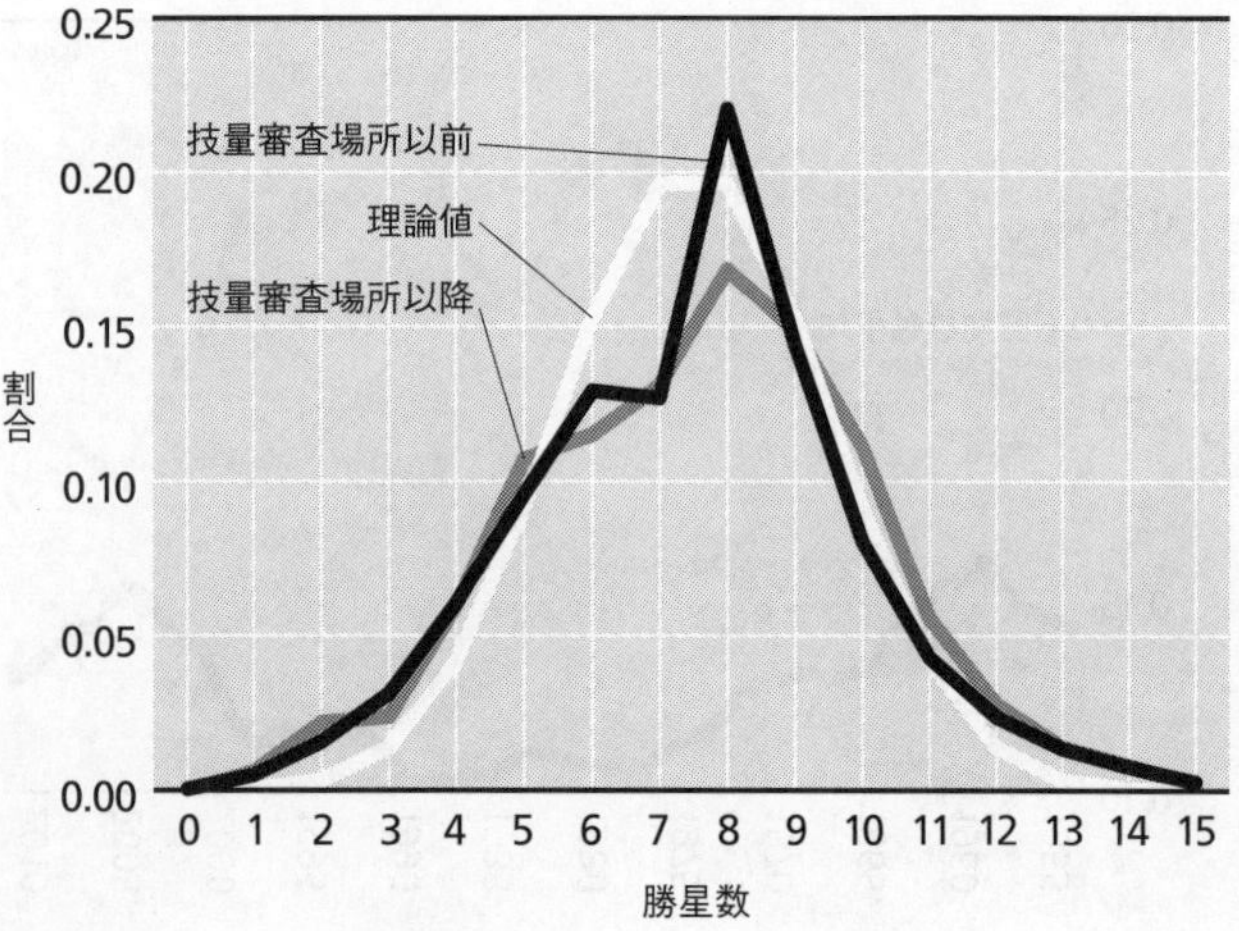

図5-8
技量審査場所以前と以降の白星の割合

の力士の勝率は1960年ごろから徐々に高くなり、1980〜2000年にかけて異常に高くなっていることがうかがえる。

図5－7は、8勝7敗の力士と7勝8敗の力士の出現割合の、年代による変遷を示したものである。確率論的には8勝7敗の力士と7勝8敗の力士の出現割合は、両者とも全体の19・6％となるはずである。これに関しても、1980年ごろ〜2000年ごろにかけて確率から大幅にずれていることがわかる。

八百長はなくなったか

図5－8は、技量審査場所以前（1949〜2011年）と以降の8場所における各勝星をあげた力士の割合を示した

ものである。たとえば10勝5敗の力士が10人のうち2人いたとすれば、横軸の10に対応する縦軸の割合は0・2となる。参考のために確率計算による理論値も提示している。

技量審査場所は、八百長事件発覚後の2011年5月に行われた、番付編成のための場所である。NHKによる生中継はなく入場料は無料であった。八百長を防止するために東西の支度部屋に監察委員を各2人配置して監視したり、十両以上の力士と付き人や床山の携帯電話を預かるなどの対策を行った。そのために、この場所以降は八百長がしにくくなっているものと考えられる。何よりも、また八百長が発覚すれば大相撲の存続は危ういものとなるであろう。

この図から、技量審査場所以降のグラフは理論値にくらべて頂上が低くなり、全般的になだらかになっていることがわかる。とくに8勝7敗の割合は理論値以下に低下している。しかしながら7勝8敗の割合が増加したわけではない。これは中程度の強さの力士が減少していることを示している。その代わり、10勝以上の割合が若干増加している。弱者と強者の格差がついていると言えるかもしれない。真剣勝負に近くなれば相手に配慮することがなくなるので、このような現象が生じた可能性がある。

真剣勝負になれば格差がつくことは、プロ野球と高校野球の比較でもわかる。先述したようにプロ野球の場合は10点以上の大量得点をした試合では失点も多くなるが、高校野球の場合は大量得点をした試合では失点が少ない。高校野球の場合は手加減をしないということであろう。手加減がない競争が格差をもたらすことは、経済や社会においてもいわれていることである。

技量審査場所以降（8場所）では対戦相手に配慮が少なくなったことは、千秋楽7勝7敗の力士の勝率が50％に低下したこと（相手が8勝6敗のケース）からも示唆される。ただしこの点に関しては、データ数が少ないために明確なことはいえない。また最近では千秋楽における星のやりとりは目立ちすぎるので、12日目や13日目に行われるというような指摘もある。

第6章　社会的手抜きの悪影響

社会的手抜きは、集団の中に能力が高い他者がいて、自分の努力が不要だと感じる場合にも、逆に他者が社会的手抜きをしているので自分が努力しても馬鹿らしいと感じる場合にも起きる。この章ではそのような心理機制について吟味する。

1　フリーライダー効果

ただ乗りの存在

薩摩守《さつまのかみ》を決め込むという言葉がある。これは『平家物語』に出てくる平忠度《たいらのただのり》が薩摩守であったことからくる、無賃乗車をする人を指すダジャレである。フリーライド（ただ乗り）とは、もともと無賃乗車を意味する言葉だったが、それだけでなく集団に貢献することなく集団から利益のみを得るような行動全般を指す。

このような言葉はほかにもある。たとえば「公務員はいいな、親方日の丸で」というような表現がよくなされる。これは大した働きもせず、国や地方公共団体から高い給料をもらっていると思われる公務員を揶揄《やゆ》するために使用される。揶揄している人はおそらく自分は損な立場にいる正直者だと思っているであろう。

「正直者が馬鹿を見るような世の中は間違っている」ということもいわれる。ここでいう正直者とは、フリーライダーによって搾取される被搾取者（サッカー）である。自分が被搾取者になっていることに気づかない、あるいは気にしないような究極の正直者であれば、「正直者は馬鹿を見る」などとは考えないはずである。

正直と得をしたい気持ちの間で

多くの人は自分を良い人間、正直な人間でいたいと思っている反面、ごまかしやただ乗りをして利益を得たいと思ってもいるような存在でもある。この点を明らかにするための実験が行われている。[1] これは、学生を対象に知能テストと称して行われた実験で、正解提示条件では解答用紙の下に知能テストの正解が書いてあった。そして被験者には「自分で採点し、結果を報告してほしい。ただし正解は採点のためにだけ使うように」との説明がなされた。正解を提示しない条件では、被験者には正解は見せず、単に知能テストを受けてもらい、採点は実験者のほうで行った。

実験の結果、正解提示条件では正解非提示条件より平均点が数点高くなった。つまり解答時に正解を見ることができた被験者は、点数を大幅ではなく、若干ごまかしたのである。これは自分を良い人であると思いたい意識と、ごまかしてでも有能な人間と思われたいという意識の妥協の産物であるとも考えられる。この実験では続けて、被験者に次のテストで何点ぐらい取れるか予想させた。その結果、正解提示条件の被験者はごまかした点数に近い点数が取れると予想したのである。すなわち被験者は無意識のうちに自分を欺いていたことになる。このような実験から、多くの人は不正な手段を用いてでも自己利益を大きくしたいと思うが、あからさまな不正行為は「良い人である」という自己定義と矛盾するため、比較的小さな不正行為にとどめる傾向があるということが示唆される。

この自己欺瞞《ぎまん》は無意識にも行われるが、さまざまな合理化（解釈や説明）を用いて意識的にも行われる。フリーライドもその１つである。個人が集団のために費やしたコストや貢献にかかわらず、集団成員に一律に報酬が与えられるということであれば、ただ乗りすることは経済合理性にかなっている。そして、ただ乗りしている当人は、「自分は不当に扱われているため、それに見合った働きをしているのであって、これ以上努力する必要はない」とか「他の有意義なことにエネルギーを注ぐために、これ以上働くわけにはいかない」とか「いつも全力で頑張るわけにはいかない」など、さまざまな理屈で自分の社会的手抜きを正当化している可能性がある。

2 腐ったリンゴ効果

人間はネガティブ情報に敏感

ただ乗りは個人にとっては経済合理性にかなった行動かもしれないが、それが集団の他の成員に感染すると集団全体のモラルの低下につながる可能性がある。このような現象が見られるのは人がネガティブな情報に敏感だからである。

ネガティブ情報が強力であることは、結婚相手を決める重大な意思決定をするような場面を考えればわかりやすい。結婚相手候補が複数いてどの人を選択すべきかを決める場合、合理的な方法はまず相手のネガティブな面に注目することである。ネガティブな面は主観的に白黒が明確な場合が多い。たとえば生理的に受け入れられないという相手は、簡単に対象から外すことができる。そうすれば選択肢が減少し、考える負担が減り、失敗が少なくなる。それに対して結婚相手のポジティブ情報に注目した場合、それは複数（たとえば、人柄、若さ、年収、学歴、外見、家柄等々）あることが多く、あちら立てればこちらが立たずの状態になり、なかなか相手が絞れないということになる。

このようにネガティブ情報は刺激価が高く、他者がフリーライドをしているという情報もかなり強力なネガティブな情報である。

プロスペクト理論とは

また、人は一般に、ポジティブな状態を追求することよりネガティブな状態に陥ることを避ける傾向が強いといわれている。これはたとえば１００万円儲《もう》かった場合の喜びより、１００万円を損した場合の後悔のほうが大きいことを意味する。ギャンブルをしているとき、儲かっている場合にはやめることが比較的簡単であるのに対して、損をしている場合にはその後悔の大きさのために損を取り戻そうとしてなかなかやめられず、傷口をますます大きくしてしまいがちである。これはそのような傾向を示したものといえよう。またなくしたものや盗まれたものは、それが大した価値があるものでなくても過大評価され、そのことが強い後悔につながる。

プロスペクト理論[2]は、このような現象を系統的に説明したものである。この理論によれば、利益の増大は主観的価値の増大（プラス方向）をもたらすが、主観的価値はすぐに頭打ちになってそれ以上伸びなくなってしまうのに対して、損失の増大は主観的価値（マイナス方向）の増大につながり、損失の増大に伴って主観的価値はますますマイナス方向に急激に増大するということである。

対人イメージの非対称性

このような傾向は金銭面だけではなく、たとえば人の正直さを判断するような対人知覚についても確認されている。正直と不正直の知覚はシンメトリーではないのである。ただ1回の不正直な行動によって「不正直者」というレッテルが貼られてしまうが、1回の正直な行動によって「正直者」として認められるわけではない。(3)

「百日の説法屁《へ》ひとつ」という言葉がある。徳川家康《とくがわいえやす》は織田信長《おだのぶなが》や豊臣秀吉《とよとみひでよし》に長い間仕え、「律義者」で通っていたということである。彼は「律義者」であった時間が「たぬきおやじ」であった時間よりもはるかに長いはずであるが、晩年の比較的短い期間の振る舞いが「律義者」のイメージを消し去ってしまった。

また、人は裏切られることによるショックは大きく、己の愚かさを認識することになり、そして、それを恐れる傾向がある。(4) そのために絶えず他者の不正直さに関する情報を探し求めるということである。(5)「人を見たら泥棒と思え」という言葉は前記の行動傾向を表現したものであるといえる。そのため、人は不正行為者やフリーライダーに罰を与える傾向があることもわかっている。罰を与えることによって、自分には何の利益にもならず被害だけを被ることがわかっていても、しかもそれまでフリーライダーとは面識がなかったとしても、罰を与えようとする。

このような自己犠牲的行為を進化論の立場から解釈する研究者(6)もいる。進化論によれば種全体の保存という観点から、人は自分を犠牲にしても集団や社会を維持するために行動するように進化してきたということである。

腐ったリンゴ効果

しかしいっぽうでは、自分の利益を優先して集団の利益をないがしろにするような利己的振る舞いをする者が集団の中に少数いた場合、その影響はすぐさま集団全体に広がり、結果として集団全体を利己的人間の集まりにする可能性もある。これを「腐ったリンゴ効果」という。箱の中のリンゴが1つでも腐っていると、中のリンゴすべてに腐敗が広がっていく。吸血鬼が善良な人に噛《か》みつけば、噛みつかれた人も吸血鬼になり、それが全体に広がっていくようなイメージでもある。

この腐ったリンゴ効果の強さには、一緒に仕事をしているパートナーの能力と努力をどのように認知するかが影響する。パートナーの能力が高いにもかかわらず努力しないから仕事がうまくいかないと考えられる場合にのみ、社会的手抜きが生起し、努力しているが能力が低いと思われる場合には生起しない。

この腐ったリンゴ効果には性差があり、女性より男性に顕著に現れることがわかっている。(7)すなわち男性のほうが他者のフリーライドに敏感なのである。

利己的振る舞いをする人の人数

利己的振る舞いをする人数の影響について検討している研究もある。(8)この研究では、複数の被験者が参加する集団囚人のジレンマゲーム実験が行われた。このゲームは集団全員が協力的であれば集団全体としての利益は最も高くなり、そのために個人の利益もある程度確保されるが、あるメンバーが自分だけの利益を大きくしようとすれば他の成員の利益が損なわれ、それを避けるために他の成員も自分の利益の確保に走ることになり、集団全体が悲惨な状態になるというものである。

被験者に、集団成員5人の中に利己的・非協力的な人がいると思い込ませ、この数を0〜4人まで変化させた。そして、それにより協力する人の割合がどのように変化するかについて検討した。実験の結果、集団の中に利己的な人がいないと被験者が思っている場合、非協力の割合は50%であったが、利己的な人が1人いると思った場合は80%に達した。そして、それ以上利己的な人の人数が増えても非協力の割合はあまり変化しなかった。これは、腐ったリンゴが1個でもあれば全体を腐らせるのには十分であることを意味する。

また、同一人物が首尾一貫して利己的な振る舞いをする場合と複数の人が時々そのような行為をする場合に、いずれの影響力が大きいかについて検討している研究もある。(9) 常識的には後者のほうが集団全体のやる気を削ぐ力が強いと考えられる。なぜなら、前者のケースは利己的な振る舞いをする人間を「特殊な人間」であるとして判断の範疇《はんちゅう》から外すことが容易だからである。いっぽう、後者の場合は多数のメンバーが自己中心的であると判断されてしまうかもしれない。

しかし、いっぽうでは次のような解釈も可能である。すなわち前者の場合、このような人物の存在を許している集団自体に問題があるととらえられ、後者の場合は複数の人が時々そのように行動するため「当人の問題ではなく外部要因に原因がある当たり前の行為」として解釈されてしまう可能性もある。実験の結果はこちらの解釈のほうが正しいことを示した。

罰と目標とパフォーマンス

さらに、やる気を削ぐような少数者の発言が集団のパフォーマンスをいかに低下させるかを明らかにするために、現実の集団作業場面に近い状況を設定した実験も行われている(10)。被験者はビジネス科目を専攻する学生であり、ニューヨークの証券取引所に上場されている株の動向を研究しているので手伝うように要請された。作業は『ウォール・ストリート・ジャーナル』に掲載されている株式相場のリスト20万件から、会社名、取引量、株価の入力作業をすることであった。被験者は実験に参加することによって、30点のボーナス点が成績に加算されるといわれた。部屋は普通のオフィスと似たような作りになっていた。作業者が使用する机の正面には監督者用の机が置かれていて、監督者は全体を見渡せるようになっていた。作業は10〜12人の被験者と2人のサクラで行われた。まず30分の練習試行が行われた。その間、監督者は机の間を歩き回りながら作業の様子をチェックした。練習試行終了後、本番の2時間の作業が行われた。

ある実験条件では、本番開始直後、監督者は短時間だけ部屋から出て行った。そのとき1人のサクラが「全く下らないな。こんな仕事やっていられないよ」と言った。それに対してもう1人のサクラが「君の言う通りだ。何でこんな面白くない作業をしなくてはならないんだ」と応《こた》えた。

実験条件としてはこのような、サクラが不穏当な発言をする条件、不穏当な発言をしたサクラに罰が与えられる条件、不穏当発言と集団目標が設定される条件など、不穏当発言と罰と集団目標設定が組み合わせられた6条件が設定された。

罰条件では、本番中に机の間を巡視をしている監督者が2人のサクラのところで立ち止まり、冷静に事務的に「君の仕事は他の人とくらべて見劣りがする。これでは30点のボーナス点をあげることはできない。もしこのまま続けたとしても20点しかやれない」と集団全員に聞こえるように言った。サクラはこれに対して「わかりました。続けます」と応えた。

それから目標設定条件では、「これまでの経験から2時間でだいたい15枚のシートに記入できると思われます」と全員に伝えた。実際の平均値は12枚であった。

実験の結果、不穏当発言条件では、統制条件（サクラの不穏当な発言も監督者の介入もない条件）とくらべて作業量が20％ほど低かった。また、罰だけの条件や不穏当発言と罰を組み合わせた条件では統制条件とほとんど同じであった。いっぽう目標設定条件では作業量が26％上昇した。また不穏当発言と目標設定を組み合わせた条件では15％の上昇が見られた。

この結果から、やる気がない人でも皆同じように30点をもらえるといったことがあからさまな状況では、自分が被搾取者になることを避けるために動機づけを低下させることが示された。またやる気がない人に罰を与えていることが集団成員にわかるようにすることより、高い目標を設定して集団成員に示すことのほうが社会的手抜きを防ぐためには効果的であることがわかった。この実験から、腐ったリンゴに罰を与えるより、腐っていないリンゴを活性化させるほうが効果的であることが示されたといえる。

第7章　社会的手抜きに反する現象

1　社会的促進

集団による動機づけの上昇

これまで、社会的手抜きについてさまざまに説明してきた。本章では、これまでと逆に、社会的手抜きに反する現象である社会的促進について解説していこう。社会的促進により、集団作業時の個人の動機づけが高まることもある。

他者と一緒に作業をする場合に、ある状況では動機づけが高まりパフォーマンスが上昇するのに対して、別の状況では逆に低下するというのは矛盾している。それではどのような状況のときに社会的促進が起きるのであろうか。それは他者が自分の行動を見ていたり、共行動をしているときである。共行動状況とは、自分も他者も同じ内容の作業をしているが、互いの交流はなく、かつ個人の業績が明らかになる事態である。たとえば、スピードスケート競技や入学試験のような状況である。スピードスケート競技では観衆が選手個人を見ていて、個人の成績が明確であり（評価可能性あり）、当人の努力が成績に反映され（道具性あり）、さらに他の選手の能力が高いとしても個々の選手の努力が不要になることはない（努力の不要性なし）。つまり社会的手抜きの原因となる、評価可能性、道具性、努力の不要性に関する認知要因がすべて逆向きに機能していると考えられる。

どのようなときに社会的促進が起こるか

社会的促進については多数の研究がある。[1,2] 一般に簡単な、十分学習し、身についた課題（たとえば、自転車のペダルを漕《こ》ぐ、1桁の足し算をする）の場合は集団で行うほうが1人の場合よりも成績が良くなる。いっぽう、難しい課題や学習が不十分な課題（高等数学の問題を解く、スマートフォンの扱いに慣れていない人がメールを書く）では間違いが多くなったり、作業の質が低下することがわかっている。後者、すなわちパフォーマンスが低下する現象は社会的抑制と命名されている。

社会的促進や抑制は、動物（ゴキブリ、にわとり、牛、馬）でも見出されている。たとえば、他のにわとりが隣のケージで餌をついばんでいる実際の様子を見せる現実条件と、そのビデオを見せるビデオ条件、それから単独条件を比較して、にわとりの餌の消費量を比較した研究がある。[3] 実験の結果、単独条件に比較してビデオ条件や現実条件では餌の消費量が多く、かつ両条件間にほとんど差がないことが明らかになった。ビデオでも社会的促進が生起したのである。人間の場合も、食行動と社会的促進は密接に関連していることがわかっている。たいていの人は1人の食事は味気ないと考える。そして、5割近くの人が誰かと一緒に食べると答えている。食事時間も集団の場合は長くなり、量も多くなる傾向がある。ダイエットを考えている人は1人で食べるほうがよいであろう。

優勢反応と非優勢反応

社会的促進や社会的抑制に関して、次のような説明（動因理論）がある。[4] 人を含めて生物は、他者の存在により自動的に覚醒《かくせい》水準の上昇（脳幹賦活《ふかつ》系、自律神経系、内分泌系の活動水準上昇がもたらす心拍、血圧、知覚の鋭敏さ、反応速度などの上昇）が起きる。その場合、単純な課題や十分学習された課題に対して通常見られる反応（優勢反応）が出現しやすくなる。優勢反応がその状況に合致した反応であれば社会的促進となりパフォーマンスは上昇する。しかし、その状況で要求される反応が、いまだよく学習されていない反応（非優勢反応）であれば、社会的抑制によるパフォーマンスの悪化が生じる。

たとえば言葉遊びの中に「金柑《きんかん》」と10回言わせた直後に「アメリカの初代大統領は」と尋ねるものがある。その場合、とくに緊張していれば、ついつい「リンカーン」と解答してしまうかもしれない。これは「金柑」と似た口調が次第に反応階層の上部（優勢反応）に位置するようになり、それに従って自動的に反応したために質問内容とズレてしまったと考えられる。要求される解答が優勢反応と合致するもの（この場合「南北戦争に勝利した大統領は」という質問）であれば、正解となりパフォーマンスが良くなったと判定されることになる。

注意逸脱葛藤理論

この理論[5]は、作業をしているときに他者がいれば注意が拡散され、そのことが覚醒水準の上昇をもたらし、結果として社会的促進が生起すると説明する。

この理論に従えば、覚醒水準上昇の直接の原因は注意の拡散ということになる。難しい課題であれば、注意の拡散により、課題に十分認知資源が行き渡らないためにパフォーマンスが低下し、社会的抑制が生じる。いっぽう、やさしい課題であれば、注意の拡散による認知資源の低下を作業者が何とか補おうとして、過度に努力することが社会的促進につながるのである。

被験者が作業をしているときに大きな妨害音を流したり、フラッシュライトを激しく点滅させたりした実験がある。それによれば、容易な課題では社会的促進が生じ、複雑な課題では社会的抑制が生じたということである。もしこの理論が正しければ、学習内容によっては、騒音に満ちた教室で授業をしたほうが効率があがることも考えられる。

評価懸念説

この理論によれば、人は自分を高く評価してもらいたいという基本的欲求を持っているという。社会的促進はこの欲求がもたらすものであると説明する。そのために他者がいても、その他者が評価しない場合や、評価能力がない場合は、社会的促進や抑制は生じない。[6][7][8][9]他者からの評価懸念が覚醒水準上昇の背後にあると考えられるのである。

先述したように動物でも社会的促進が見られるとなると、道具性や評価可能性、努力の不要性による社会的促進の説明は難しくなる。動物の場合は単に他者が存在するだけで生理的覚醒水準が上昇すると考えられている。しかし人間の場合は、道具性や評価可能性、努力の不要性といった要因が、評価懸念と関連して生理的覚醒水準を高めるものとして機能していると考えれば説明可能である。

社会的問題への影響

社会的促進はさまざまな社会的問題と関連している。たとえば人種差別や性差別のような偏見に基づく差別的言動は個人の場合は抑制されているが、集団になれば、それがあからさまに表明される傾向がある。偏見は、ある意味では内面深く抱かれている「優勢反応」である。インターネット上にあふれている過激な差別的表現は匿名性が保障されているということと同時に、社会的促進によるものであろう。

また凡庸《ぼんよう》な一部の大学教師が「学生を前にした講義のときは過激で新奇な特殊論を語り、学会では穏健で常識的な一般論を語る」といわれるのも、社会的促進のメカニズムが働いているのかもしれない。他者の存在という点に関しては学会も授業も同じであるが、学会では他の専門家がいるために過激な発言は抑制される。それに対して授業の場合は、そのような抑制が利かず社会的促進の影響がそのまま表面化するのであろう。

教育や学習場面での問題もある。授業は教室で行われることが多い。すなわち、子どもたちは多くの他者の前でまだ十分身についていない課題の学習をすることになる。複雑で十分学習されていない課題は「非優勢反応」であり、それを人前で行えば社会的抑制が働いて、学習効率が低下することは社会的促進の理論から十分予想されることである。運動競技の新しい技術を身につけたり、第2外国語を学習したりする場合、最初は1人で学習するほうが、学習効率が高いことは多くの研究によって証明されている。

しかし現実はそのようなシステムにはなっていない。新しい内容の学習をするときに集団学習が不可避で、かつ学習者の動機づけが高い場合は、社会的手抜きを促進するような状況を設定することが有効かもしれない。たとえば、生徒個人のパフォーマンスを教師が把握できないようにして評価可能性を低下させ、努力の不要性を認識させることにより、課題に集中させる。そして、学習が成立したあとは逆に評価可能性を高めて社会的促進を強めるのである。

2　社会的補償

手抜きをする他者をカバー

社会的促進は他者が自分の行動を観察している状況や「共行動状況」で発生し、社会的手抜きは集団の中に埋没して評価可能性が低い「集合状況」で発生することはすでに述べた。

しかし、後者の状況でもなおパフォーマンスが上昇するケースがあることを示した実験がある。その実験は、能力が劣っている他者と作業を行う状況で、しかも作業成果が全体でプールされるような場合でも、他者の不足分を補うべく努力する行動が生起することを明らかにしている。(10) これを社会的補償といい、フリーライダー現象と正反対の現象である。

どのようなときに社会的補償が起こるか

社会的補償が、どのような条件で発生するかを調べた実験がある。ここでは、具体的には2人の被験者が共同作業（ブレーン・ストーミング）をする状況を設定している。実験条件としては、他者の能力が自分より高いと思った場合（他者能力高条件）と低いと思った場合（他者能力低条件）、それから作業内容が被験者にとって重要な場合（重要性高条件）とそうでない場合（重要性低条件）などがあった。

他者能力低条件では、実験者がストップウォッチを取りに行って実験室を空けたときに、サクラが「こんな課題は苦手なんだよな。たぶんアイディアなんか全然浮かばないよ」と言った。いっぽう、能力高条件ではサクラは「こういったことは得意なんだよな。たぶんたくさんアイディアを出せると思うよ」と言った。

重要性低条件では実験者はやる気なさそうに「ちょっとやり残したことがあってこの実験をしなければならなくなりました。日ごろしているルーチン作業の延長のようなものです」と言って、ブレーン・ストーミングの方法を書いた資料をぞんざいに扱い、被験者に投げるようにして渡した。さらにその資料はいかにも手作りという感じのものであった。それに対して重要性高条件では、実験者は重要な実験を実施していることを表すために真面目な態度で被験者に接した。そして「あなた方にブレーン・ストーミング実験に参加してもらいます。この実験の目的は思考の速さと質を吟味するものです。そしてそれは知能との関連が強いと考えられています」と言って、資料を丁寧に被験者に渡した。そして資料はレーザープリンターで作成された明瞭《めいりょう》なものであった。さらにこの条件では「あなた方2人の成果はプールされたうえで他大学で行われた実験の結果と比較されます」と伝えられた。

実験の結果、課題の重要性が高い場合は、他者の能力が劣っているときにパフォーマンスが上昇する社会的補償が現れることがわかった。逆に、課題の重要性が低い場合は他者能力が低いときにパフォーマンスが低下する社会的手抜きが現れた。この実験から、社会的手抜きが現れるか社会的補償が現れるかは、課題の内容と他者の特徴の組み合わせによって決定されていることがわかった。

思い込みでも発生する社会的補償

他者の能力の予想は、思い込みやステレオタイプによることもある。たとえば算数や数学の能力は男性が優れていて、言語能力は女性が優れているというステレオタイプがある。そこで男性を被験者にして、相方が女性であると思い込む条件と男性であると思い込む条件、課題が数学である条件と言語問題である条件などを組み合わせた条件を設定した実験が行われた[11]。相方は実際にはいなかった。また課題は両方とも被験者にとって重要であると感じられるものであった。実験の結果、数学の問題に関して、相方が女性の場合は正解率が79％、男性の場合55％となった。いっぽう言語問題の場合は相方が女性の場合62％、男性71％であった。すなわち女性と一緒に数学の問題を解いていて、２人の結果がすべてプールされると思った男性は、女性の分をカバーすべく努力するが、相方が男性であれば手抜きをすることが示された。言語問題の場合は逆に、相方が男性の場合は社会的補償が、女性の場合は社会的手抜きが現れることが明らかになった。

このような社会的補償がオフィス現場でも起きることを示した研究もある[12]。調査対象者は米国中西部に本社がある世界的大企業に勤務している従業員１６８人であった。従業員の報酬は年単位で評価される成果主義に基づいて決定されていた。同僚の社会的手抜きに対する認識は「私の同僚の中には、自分が負わなければならない責任を他者に押し付ける者がいる」といった質問項目9項目によって測定された。また回答者自身の社会的手抜きに関する質問項目は「自分に割り当てられた仕事をしない」「同僚がいるとき他の部署や客の相手はしない」「同僚が働いているときはのんびりしている」などであった。

予想としては、同僚の社会的手抜きは調査対象者本人の社会的手抜きを促進するというものであったが、結果は逆であった。すなわち社会的補償が見られた。仕事の内容や目標が従業員にとって価値があり重要なものである場合、同僚の意欲が低く無能であると思うほど、その分を補うべく努力する傾向が見出されたのである。

社会的補償から考察される4つのポイント

前記のような研究から、社会的補償は第1に課題の重要性が高く、かつ同僚の能力が低いときにのみ現れることが示唆される。課題が重要でなければ、他者の分を自分が担うという気にはならないのである。

第2に、一緒に仕事をしている同僚や相方から当分逃れられないといった条件も考えられる。集団から短時間で離れることが可能な場合は、相手の分も仕事をすることはない。

第3に、社会的補償は仕事を始めた初期に現れやすいであろうことが示唆される。相方が首尾一貫して手抜きを続ければ、怒りがこみ上げ、不信感も強くなるものと思われる。「仏の顔も三度まで」という言葉がある。三度を越えれば相方はフリーライダーとして認識され、集団全体の動機づけを低下させる可能性もある。ただし、長期にわたる関係が成立していれば、仏の顔は三度ではなく四度でも五度にでもなるであろう。「釣りバカ日誌」のハマちゃんは長期にわたり、同僚や社長から社会的補償の恩恵を受けている。

第4に、社会的補償が発生する集団は、集団サイズが比較的小さいことが挙げられよう。たくさんの人の荷物を自分が担おうという気にはならないであろう。個人の力の及ぶ範囲には限界がある。ただし、課題が分離的課題（集団で1つの解答を導き出すことが要請されるような課題で、最も優れた成員のパフォーマンスが集団のパフォーマンスになる課題）の場合は、比較的大きいサイズの集団でも動機づけが維持されるかもしれない。革命家は前衛として意識の低い民衆の先頭に立ち、広く社会に影響を及ぼすことができると思っているであろう。

無用の用

社会的補償に関する研究から、人は努力を適切に配分していることが示唆される。状況や相手によっては全力を尽くし、別の状況では適当に手抜きをしてエネルギーを蓄えるのである。この意味で社会的手抜きは単なる「なまけ」とは異なるのかもしれない。また無能な他者の分を担っていると思うことによって、自分の自尊心を維持している可能性も考えられる。いわゆる自分より劣っている人との比較（下方比較）による自尊心の維持である。同僚や上司の無能さを嘆き、それを支えている自分がいかに苦労しているかを語ることは、しばしば見られるが、これは社会的補償を表明していることにほかならないのである。この意味で、場合によっては、無能な同僚の存在は周りの人の自尊心と動機づけの向上や維持に貢献している可能性もある。

3　ケーラー効果

劣った人の頑張り

社会的補償は集団作業における、能力が高い人の動機づけやパフォーマンスの向上についての現象であったが、ここで述べるケーラー効果は逆に、能力が低い人の動機づけの向上に関連したものである。この現象は綱引きのような加算的課題でも見られることはあるが、最も生起しやすいのは、山登り集団や護送船団のように、集団の成果が、能力が低い人のパフォーマンスによって左右される結合的課題である。すなわち、劣った人の頑張り具合が集団の運命を決定する課題である。

弱者と強者の差

この現象は類人猿の知恵試験で有名な、ドイツのケーラーが見出したものである。[13] ケーラーはバーベルを2人が共同で持ち上げる場合と、1人で持ち上げる場合の力を比較する実験を実施した。[14] 被験者は、2秒間隔でリズムを刻むメトロノームに合わせてバーベルを持ち上げては下ろす動作を繰り返し、上げ下ろしの時間を計測した。バーベルの重さは、個人の場合は41キログラムで、2人の場合は82キログラムであった。1人で持ち上げる場合はバーベルの中央付近、2人の場合は両端をそれぞれが持ち、2人の場合はどちらか片方（弱いほう）がやめれば作業が続行できなくなる結合的課題であった。

実験の結果、弱いほうの成員の能力比率が強いほうの40〜59％の場合は2人条件のパフォーマンスは1人条件の80％ほどであったのに対し、能力比率が60〜80％ではパフォーマンス量は120％近くになった。能力比率が81〜100％になると、再び80％ほどになった。このことから弱者と強者の能力にほどほどの差がある場合にのみ、弱者の動機づけが高まることがわかったのである。

誰に発生するか

ケーラー効果について、水泳と陸上のリレー競技のデータをもとに検証した研究もある。[15] リレー競技は全体の記録で勝敗が決まる加算的課題ではあるが、綱引きのような課題とは異なり、分割可能で、個人の成績が評価され、個人の貢献が明確な課題である。

水泳競技に関しては、2009年に開催された全米大学体育協会(NCAA)主催の200ヤード自由形リレー競技(1チーム4名)の68人分のデータが分析対象となった。分析の結果、個人の記録がチーム内で4位の選手のリレー決勝での成績は大幅に上昇したのに対して、1位の選手の成績はほとんど上昇しなかった。

また、女子選手の場合はリレーの予選の段階ですでに成績が上昇したのに対して、男子選手の場合は決勝における上昇が顕著であった。女子の場合はあまり重要でない試合でも動機づけが高まるのに対して、男子の場合は重要な試合にならないと動機づけが高まらないことが明らかになった。

陸上競技リレーに関しては、ワシントン州の高校生52チーム(1チーム3名)のデータが分析対象となった。分析の結果、水泳のリレー競技と同じようにチーム内で成績が最も劣る者(3位の者)のリレー競技での記録上昇が顕著に見られたのに対し、1位と2位の選手の記録はほとんど変わらなかった。

そのメカニズム

ケーラー効果は、上方比較と社会的不可欠性認知の2つの心理メカニズムが働いていると考えられている。(16)

上方比較は、自分のパフォーマンスが他者や集団の標準的な値にくらべて低い場合、他者のそれに近づくように努力するというものである。上方比較は、くらべる対象がある状況では結合的課題でなくても働く可能性が考えられる。たとえば、集団で1つの解答を導き出すことが要請される陪審員裁判のようなケース（分離課題）である。

社会的不可欠性認知は、自分の低能力のために集団全体のパフォーマンスを下げてしまい、集団に迷惑をかけるので、それを避けるために努力するというものである。これは結合的課題で主に生起すると考えられる。一般的にこの2つのメカニズムは同時に働いているが、どちらかといえば後者のほうの影響が強いこともわかっている。

性別もケーラー効果に影響する。女性のほうがこの効果に関しては顕著であることがわかっている。いっぽう、前述したように男性のほうが社会的手抜きの程度が大きくなる。その原因として、男女の指向性の違いが挙げられている。女性は相互依存的、集団指向的（友好的、非利己的、他者指向的）であるのに対して、男性は独立的で個人指向的、自己主張が強く、対象を道具として見る傾向があり、社会的地位にこだわり、他者を支配する指向性があることが明らかになっている。

このことから、ケーラー効果に関しては男性の場合は単純に「自分のパフォーマンスを上げたい」という上方比較のメカニズムが強く働き、女性の場合は「皆に迷惑をかけたくない」という社会的不可欠性の効果の影響が大きくなることが考えられる。ケーラー効果に関しては、後者のほうが大きく影響するのである。

第8章　社会的手抜きに対する対策

本書では、社会的手抜きについていろいろな観点から述べてきた。どのようにすれば社会的手抜きを防げるかについても、いくつかの対策についてすでに述べた。本章では、それらを含めて、社会的手抜きを防ぐにはどうすればよいかを挙げ、そもそも社会的手抜きをすべてなくすことが適切かどうかについても考察する。

1　罰を与える

報酬と罰の非対称性

人はネガティブ情報に敏感であり、ポジティブな状態を追求することよりネガティブな状態に陥ることを避ける傾向が強いことは、第6章で述べた通りである。そのために自分が搾取されるような立場に立つことを嫌い、もし社会的手抜きをしている人物やフリーライダーを発見すると、自分には何の利益にもならない場合でもそのような人物に罰を与える傾向があることがわかっている。人は他者の不正行為には手厳しいのである。そして罰を与えることは、不正行為を防ぐためには最も手っ取り早い対策であると考える傾向がある。

しかし先述したように、カンニング防止に関する研究や集団作業時の社会的手抜きに関する研究[1]によれば罰の明確な効果は見出されなかった。それよりも、倫理綱領の存在を学生に認識させ良心に訴えることや、集団の目標を与え、それが達成された場合には成員に報酬を与えることなど、ポジティブな側面に力を注いだほうが効果があることが過去の研究から示唆されるのである。

報酬と罰が非対称であることは、さまざまな研究によって明らかにされている。たとえば学習理論（学習の成立条件やプロセスに関する理論）の大家であるスキナーは、罰は報酬と違い、長期的には与える側にも受ける側にも良い結果をもたらさないと述べている。[2]罰は不安や無力感や復讐心《ふくしゅうしん》や疑念など、受け手のネガティブな情動を触発し、それが意図せざる悪い結果をもたらすというのである。

またリーダー行動をレビューした研究は、リーダーが与える報酬はポジティブな効果をもたらすが、罰に関しては明確な結果は見出されていないと結論づけている。[3]さらに成員の努力とは無関係に与えられる報酬は動機づけに影響しないが、努力と無関係に与えられる罰は動機づけを極端に低めてしまうことも明らかにされている。すなわち部下の努力をよく把握せず、むやみに罰を与えることは部下のやる気を削いでしまうのである。

罰の効果に対する幻想

何よりも罰の効果は過大視されている可能性が高い。「平均への回帰の誤判断」という現象がある。(4) たとえば子どもがテストで悪い点を取れば、先生や親は嘆いたり叱りつけたりしてさまざまな形の罰を与える。そうすればたいてい、子どもは次のテストではそれよりも良い点を取るのである。しかしこれは罰の効果ではなく、単に平均への回帰という確率論的な現象にすぎない可能性が高い。すなわち、点数は平均点を中心にして上下にばらついているわけで、そのために平均点より低い点数を取ったあとにはそれよりも高い点に回帰する可能性が高い。先生や親はそれを見て自分たちが叱ったから、子どもは頑張って良い点数を取ったと思い込むのである。

逆に、子どもが良い点を取ったときは先生や親はほめる。しかし良い点を取った次のテストでは平均への回帰により、それよりも悪い成績となる可能性が高い。その結果、ほめることより叱りつけることのほうが効果があると思い込んでしまうこともありうる。罰の効果を評価する場合、このような回帰現象があることを念頭に置いておくことが大切であろう。

このように報酬と罰の効果は非対称ということであるが、このことは報酬が無条件に効果があることを意味するわけではない。作業量に見合わない多額の報酬はかえって内発的動機づけを阻害することは第4章で述べた通りである。報酬や罰により他者の行動をコントロールしようとする場合、このような副作用があることを認識しておく必要がある。

2 社会的手抜きをしない人物を選考する

指標としてのパーソナリティ

たとえば社員を採用するさいに、仕事全般に対して高い動機づけを持つような人物を選考することは当然考えられる。第2章で述べたように、勤勉性や達成動機、ナルシシズムなどのパーソナリティが社会的手抜きに影響している可能性がある。そうだとすれば、そのような性格特性を測定するテストを実施して、社会的手抜きをしないような人物を選考することが考えられる。ただし、このようなテストが実際どの程度役に立つのかについては評価が分かれるところである。

学歴と動機づけの強さ

また学歴も指標の1つであろう。偏差値が高い大学に入学したということは、受験競争を勝ち抜いたということであり、ある意味での勤勉性や達成動機の高さを示しているものと考えられる。

学歴と社会階層はかなり一致していて、上位層のほうが努力する能力も高く学習意欲も高いということである。いっぽう下位層では努力からの撤退が起こっていて、将来より現在を楽しむ傾向があり、その結果、勉強するより「自分探し」に熱中するということである。(5)

もし学歴が社会的成功に影響しているのであれば、偏差値の高さと社会的成功は相関しているであろう。たとえば、2013年2月現在、衆参両院の国会議員のうち東大、京大、早稲田大、慶応大の出身者が占める割合は4割以上である。もちろん大臣や代議士になることが社会的成功の指標として適切かどうかわからない。ただ、全国には800近くの大学があるので、代議士の出身校には偏りがあることはわかる。また偏差値が60以上の大学出身者の平均所得は他大学の出身者より年間130万円高く、また管理職に昇進する可能性も高いこともわかっている。(6) 学生の就職活動にさいしても偏差値の高い大学の学生が有利になるのは、企業がその動機づけの高さを期待していることによるのかもしれない。

ただこのようなことは身も蓋《ふた》もない話であるが、将来の動機づけの強さを予測する客観的指標がないために、学歴が便宜的に使用されているという側面があるだろう。もちろん受験時の勤勉さと社会に出てからの勤勉さの相関の程度は不明であり、学歴が高くても仕事ができない人がいる(7)ことはよく聞く話である。

3 リーダーシップにより集団や仕事に対する魅力の向上を図る

業務処理型リーダーと変革型リーダー

さまざまなリーダーシップ論があるが、その中にリーダーシップを業務処理型と変革型に分類するものがある。(8) 前者はリーダーと部下の間で物質的報酬や、あるいはそれに代わる何らかの報酬の交換が行われるような関係を想定するものである。部下が高いパフォーマンスを示せばリーダーは多くの報酬を与え、部下が失敗したりすれば何らかの罰を与える。いわば外発的動機づけを与えるものと解釈できる。

それに対して変革型は部下の内発的動機づけを高めるもので、単に報酬を得、罰を避けるために行動するのではなく、将来を見通した、さらに高次の組織目標を達成するように働きかけるものである。具体的には、以下のような行動をとる。

①部下がリーダーを理想的人物として心から尊敬し、同一視するように振る舞う。そのために自信に満ちあふれている姿を見せたり、ビジョンを示したり、心の琴線に響くようなアピールをする。

②部下を鼓舞し、やる気を引き出す。そのために、集団が達成すべきビジョンの内容を具体的に提示する。取り組んでいる課題の意味を説明したり、高い目標を掲げたり、努力すれ

ばビジョンの達成が十分可能であることをアピールしたりする。

③知的な面を刺激する。部下の創造性を刺激し高める。そのために仮説をたて、それに挑戦し、リスクをとり、部下に自分の考えを実現すべく努力するように仕向ける。

④個人に対して配慮する。部下が考えていることや欲しがっているものに関心を持ち、よき相談相手になる。

リーダーによる働きかけ

この変革型リーダーはカリスマ的リーダー(9)(10)と重なり、歴史に名を残した偉人のイメージにも、独裁者のイメージにも合致する。カリスマとはマックス・ウェーバーが提唱したもので、他者にない天賦の才を持った人のことをいう。カリスマ的リーダーは、自分の信念をわかりやすく訴え、それにより人々を啓発する。また人々の模範となるように振る舞うのである。

そして前記4項目を達成するためには、この種のリーダーは絶えず部下や集団の状態をモニターして、部下の視点や意見、集団のダイナミックスを把握し、情報の共有を促し、メンバー間のコミュニケーションがスムーズになされるように働きかけるのである。このような働きかけを通して、集団や仕事に対する魅力の向上を図り、それにより社会的手抜きを低減するのである。

4　パフォーマンスのフィードバックを行う

フィードバックの原理

社会的手抜きを防ぐためには、目標提示だけでなく作業量提示方法も重要である。作業終了後のみならず作業中にも時宜にかなった、正確なフィードバックが必要である。

運動会の綱引きや選挙などでは、個人の貢献の程度は終始ほとんどわからない。社会的手抜きが発生するのは個人の努力の効果が見えないことに由来する部分が大きい。そのために、努力の効果を可視化することにより作業者の自己効力感（自分は仕事をコントロールできているという感覚）が高まり、動機づけが維持されることも考えられる。

学習理論でも、即時フィードバックの原理というのがある。ティーチングマシン（問題を提示し、解答をフィードバックすることによって学習を促す教授学習のための機械）を利用した学習を行うさいに、解答の正誤について即座にフィードバックを行うことが学習効率と学習者の動機づけを高めるものと考えられている。

情報の提示

またケーラー効果の研究から、連続的な情報フィードバックの存在の重要性、とくに当人よりある程度優れた他者の情報の重要性が明らかになった。ただし、これらの研究成果の大部分は前述したようなバーベルの上げ下げを行うような短時間（数分間）の実験室研究により得られたものである。数年間、数十年間の長いスパンのパフォーマンスが対象となる現実場面では時間経過によって情報の意味や刺激価も変化するであろう。たとえば上方比較を促すために、優れた他者の情報を繰り返し知らせることは短期間には集団成員の動機づけを高めるであろうが、長期にわたれば成員の感情を害し、自尊心を傷つける可能性もある。そしてそれに耐えきれなくなった人たちは自尊心を守るために下方比較を行うようになり、集団全体の士気が低下することもありうる。成果主義の問題はここにある。

そのためにリーダーは情報の提示によって競争心をあおるのではなく、個人の貢献が集団全体にとっていかに重要かという「社会的不可欠性認知」を高めるような仕方で情報提示を行うべきであろう。そのために能力が低い人に対しては他者が従事しないユニークな仕事を担当させたり、集団全体の目標やそれを達成すれば得られる報酬を明確に提示するといったことも考えられる。

ただし、これに関しても行き過ぎると問題が生じる。たとえば自分のせいで集団全体が失敗に追い込まれたと考えたり、連帯責任の咎《とが》を自分1人で背負い込んだり、他の成員から村八分にされたりする場合も考えられる。このような可能性があることも考慮して情報の提示を行うべきであろう。

5　集団の目標を明示する

目標は明確に

集団の目標を明確にし、集団が目指しているものを成員に周知させることも動機づけの維持に役立つものと思われる。

集団で共同作業をしている場合、作業の目安はどうしても同僚他者のパフォーマンスになってしまう傾向がある。場合によっては、腐ったリンゴ効果により、集団全体がネガティブ・スパイラルに陥ってしまうかもしれない。

目標の提示方法

しかし集団目標が明確であれば集団成員の準拠枠（判断や作業をする場合の参考となる基準）は、他者ではなく集団目標に基づくものとなる可能性がある。この点を明らかにするために、8人の被験者が封筒の中に白紙を入れる作業をするような実験が行われている。(11)

各被験者の前には封筒と白紙が積まれていて、12分で作業を終了するように教示された。封筒には番号が振ってあり、作業途中でも作業の進行具合が被験者にわかるようになっていた。封筒は最終的には一緒にされるために、個人の作業量はわからないことも説明された。それから目標設定条件では「8人で1200枚の作業を目指してもらう」との教示がなされた。この量は予備実験により設定されたものである。

実験の結果、女性では目標設定条件のほうが非設定条件より作業量が多くなることがわかった。女性の場合は作業の準拠枠を他者のパフォーマンスから集団目標に切り替えたといえる。すなわち実験者が提示した目標を素直に受け入れて、それを目指して努力したのである。ただし男性では明確な結果は得られなかった。男性の場合は社会的手抜きの効果が強く働き、集団目標設定の効果が効きにくかったのかもしれない。男性に関しては、もっと強力な目標の提示方法が必要なのかもしれない。

6　個人のパフォーマンスの評価可能性を高める

監視テクノロジーの発達

社会的手抜きを防ぐためには、評価可能性を高めることは有力な方法の1つである。たとえば上司が部下の一挙手一投足を監視できれば、部下は手抜きができなくなる。ただし、上司が部下全員の行動を直接監視することは時間やコストがかかり、本来の仕事に費やす時間も削られてしまう。また部下との信頼関係が損なわれる可能性もある。

最近、被雇用者のパフォーマンスを監視するテクノロジーがいろいろと開発されている。たとえば、データ入力作業を監視するために時間当たりの入力回数をカウントするソフトウェアが開発されたり、休憩室や更衣室に監視カメラを設置することが行われている。以下は『ウォール・ストリート・ジャーナル』（2013年3月7日）の記事によるものである。

米国の大手銀行であるバンク・オブ・アメリカでは90人のスタッフに小型センサーがついたバッジを1週間装着してもらい、彼らの行動や会話を記録するような試みを行った。その結果によれば、同僚と頻繁に会話しているスタッフは結束力の強いチームに所属していて生産性も高いことが明らかになった。そこで従業員の交流をさらに活性化するために、休憩をグループでとるようにスケジュールを組んだところ生産性が10％も向上した。それから別の企業では社員食堂の照明を変え、食事をよくし、食堂の魅力を高めて従業員が集まって一緒に食事をとるように促したり、コーヒーメーカーと給水器を1台まで減らし、従業員が自然に1ヵ所に集まり会話するようにした。

バンク・オブ・アメリカだけでなく、従業員の行動や交流関係の情報をリアルタイムで収集するために追跡装置を採用する企業が増えている。衣服やオフィス家具にセンサーを装着し、従業員が席を立った頻度や他者とのやりとり、打ち合わせなどを調べることも行われている。このような情報から従業員の働き方に関する洞察を得ることができる。それにより休憩のタイミングや作業グループの編成方法などさまざまな変更を行い、連携の強化や生産性の向上を図っている。さらに個人の行動の予測も可能になる。従業員の動きのパターンを見ればその人が会社を辞めそうか、昇進しそうか、ある程度わかるという。このようなことはビッグデータの処理が可能になったことによる。

以上が記事の要約であるが、将来は全従業員にセンサーを取り付け、すべての言動を記録し分析することも可能になるであろう。ただしこれはプライバシーの侵害とみなされる可能性がある。また上司と部下の信頼関係にも悪影響を及ぼすであろう。

しかも監視テクノロジーの発展は、それをごまかす方法の発展も促す。たとえば、会社にいないときに遠隔操作であたかも会社のコンピュータを操作したように見せかける方法や、メールした時間をタイマーを使って変更したりする方法などがすでにある。

個人の役割の明確化

このようなことから、社会的手抜きを、外発的動機づけを高めること（たとえば監視等を強めること）によって強制的に抑制しようとしても限界があることがわかる。それより内発的動機を高めることが効果的だと考えられる。

そのためには、個人の努力が集団に役立っているという道具性認知を高めることが必要であろう。その方法の1つとして個人の役割を明確にすることが考えられる。すなわち集団成員個人が、集団活動のどの部分を担っていて、全体の目標達成にどの程度貢献できるのかがわかるようにすることが必要だと思われる。

先述した、多重チェックと分類ミスに関する研究では、多重チェックが社会的手抜きを誘発し、安全性の向上につながらないことが明らかになっている。しかしこれは、同じ部分のチェックを複数の人が担うために発生したものである。そこでこの研究では、異なった部分のチェックをそれぞれ別の被験者が分担して行うような実験も行っている。実験はペットボトルの仕分けであり、分類、個数、ラベル、サイズ確認等をそれぞれが単独で担当する作業であった。実験の結果、作業に参加する被験者の数が増加するほど集団全体の分類ミスが少なくなることが明らかになった。この実験では、被験者は自分の分担や役割が明確であり、自分のミスが集団全体のミスに直結することを意識せざるをえないのである。

逐次合流テクニック

逐次合流テクニック（stepladder technique）も個人の役割や存在を明確にする方法の1つであり、効率的な集団意思決定を行うために構想されたものである。最初に2人からなる集団（コア集団）を作り、そこでまず議論を始める。この2人がしばらく議論したあと、3番目の人がこの集団に参加する。そのさいに3番目の人は自分の見解を述べて、それから3人による議論が始まる。ある程度議論が進んだあと、4番目の人が集団に参加する。この後は同じプロセスで進行する。

このテクニックには4つの原則がある。第1は、成員がコア集団に参加する前に課題について考える十分な時間が与えられることである。第2は、新成員がコア集団の考えを聞く前に自分なりの解決方法について発表することである。第3は、新成員が参加するたびに問題について議論する十分な時間を設けることである。第4は、最終意思決定はすべての成員が参加したあとで行われることである。この原則により、成員が社会的手抜きをすることが難しくなる。逐次合流テクニックと従来の集団意思決定方法を比較した研究によれば、前者のほうが優れていることが明らかになっている(12)(13)。またこのテクニックは、米国では会社や教育現場で実際に使用され成果をあげているということである。

7　腐ったリンゴを排除し、他者の存在を意識させる

落書きとポイ捨て

腐ったリンゴ効果を防ぐには、リンゴが1個でも腐ったらそれをすぐに箱から出して排除することが大事である。早期発見早期処置である。

破れ窓理論(14)というものがある。この理論によれば、破れ窓やごみや落書きは都市が荒廃している象徴となり、さらなる荒廃や犯罪を生み出すという。

ニューヨークではこのような荒廃の象徴となるものを取り除くキャンペーンが行われ、その結果、犯罪率が低下したということである。それに関連して、落書きやごみの散乱が新たな反社会的行動を触発することを示した野外実験が行われている[15]。実験が行われたのは商店街にある駐輪場で、大きく「ごみのポイ捨て禁止」の標識が掲げられていた。標識の周囲の壁に落書きがなく全体が均一に塗装されていた場合と、標識の周りの壁にさまざまな落書きがあった場合の2種類の駐輪場が用意された。また、自転車のハンドルにはゴムバンドで比較的大きなチラシがくくりつけられた。チラシには「皆様方が良い日曜日を過ごされますように」という記述があり、架空のスポーツ衣料品店の名前が書いてあった。

実験の結果、標識の周囲の壁に落書きがあった条件では、チラシを地面に捨てたり他人の自転車にくくりつけたりする割合が69%であったのに対して、落書きがなかった条件では33%であった。落書きはごみのポイ捨てを倍増させたのである。

また、買い物用カートの放置が禁止されているスーパーマーケットの駐車場で、数台のカートを放置した場合、ごみのポイ捨てが増えるかどうかについても実験された。ここでは自動車のワイパーにチラシをはさんでおいた。

実験の結果、放置カートがあるとポイ捨ては30%から58%に増加した。ここでも規範の乱れが他の反社会的行動を促進することが証明された。

1つの腐敗は、より悪質な腐敗に

さらに落書きやごみの散乱が、盗みという法律に反する行動をも増加させることが明らかになった。この実験では、郵便ポストの投入口に郵便物が半分挿入されている状況が設定された。郵便物からは5ユーロ札（600円ほど）が覗《のぞ》いていた。実験条件は、郵便ポストに落書きがなく、周りにごみも落ちていない「クリーン条件」、落書きだけがある「落書き条件」、落書きはないがごみが散らかっている「ごみ条件」の3種類であった。

実験の結果、クリーン条件では盗み（封筒の開封、持ち去り）の割合が13％であったのに対して、落書き条件では27％、ごみ条件では25％であった。

この実験から、腐ったリンゴは他のものにも伝染すること、1つの腐敗はより悪質な腐敗をもたらすことが明らかになったといえる。このような現象を防ぐためには、腐敗したものを早期に除去することが大切である。

さらに腐敗に対して積極的に働きかけることも考えられる。その方法として、たとえば他者の目や神仏の存在を意識させることなどがあるかもしれない。

目が喚起する規範意識

このことを実証するような実験も行われている。[16] それは、目のイメージがゴミ捨て行動にどのように影響するかを調べるためのフィールド実験であった。実験が行われたのは大学の大き

図8-1

投棄禁止の立看板と鳥居

なカフェテリアであった。

壁には4種類のA4サイズのポスターが貼り出された。第1は男女の両目の部分だけを切り取った写真と、その下に「食事が終わったらトレイをラックにお戻し下さい」という文書（規範遵守の文言）が添えられていた。第2は、この目の写真と「ここで購入したものはここで食べるようにして下さい」という文章（規範遵守とは無関係の文言）が書いてあるポスターであった。第3は花の写真と規範遵守の文言、第4は花の写真と、規範遵守とは無関係の文言が掲載されているポスターであった。

実験の結果、第1と第2の目のポスターを掲示した場合は、第3と第4の花の掲示よりトレイの返却率が高くなることが明らかになった。またその効果は混雑していないときのほうが大きかった。この実験により、規範遵守の警告がなくても目のイメージだけでトレイの放置が少なくなることが明らかになった。すなわち目のイメージという些細《ささい》な刺激でも、内在化された社会的規範を顕在化させる力があり、その効果はとくに現実の人の目が少ないときに現れやすくなることが明らかになったといえる。

前ページの写真（図8−1）は筆者が自宅近くを散歩していて偶然目にした産業廃棄物の投棄禁止の立看板である。場所は人通りがほとんどない山の中である。立看板は古くて表面がひび割れているが、その横に立てられているベニヤ製の小さな鳥居は比較的新しいものであった。この鳥居の効果がどの程度あったかわからないが、少なくとも現在はこの周りに廃棄物はないようである。

8　社会的手抜きという現象の知識を与える

無意識での社会的手抜き

社会的手抜きやケーラー効果が意識的に行われるものか否かについては明確ではないが、これまでのこの分野の数多くの研究をレビューした結果(17)によれば、自己報告と実際のパフォーマンスの相関は０・２５しかなかった。これは社会的手抜きの大部分は無意識のメカニズムに基づいていることを示唆している。もしそうであれば、社会的手抜きの存在を意識化させれば、それを低減することが可能になると思われる。

知識を与えても

バスケットボール、ソフトボール、バレーボールの選手（女子大生）24名を対象に55メートルのシャトル・リレーを行わせて、前記のことを確認しようとした研究がある。[18] シャトル・リレーとは競泳のリレーのように味方の選手がゴールした瞬間に逆方向に走り出すものである。1チームは4名であった。選手がウォーム・アップしたあと、シャトル・リレーの仕方と社会的手抜き現象やその原因についての説明が行われた。さらに「集団になれば、人は社会的手抜きをすることを皆さんはわかったと思います。そうならないようにあなたのチームが最高の結果を出すように努力して下さい」との教示がなされた。そして、個人の記録に基づくチームの目標タイムも示された。実験の結果は予想に反して、社会的手抜きの存在を知らしめた場合のタイムの平均は8・59秒で、単独条件の平均値（8・49秒）より記録が良くなることはなかった。この実験結果から、社会的手抜きの存在を単に意識しただけでは不十分であることがわかった。ただし、リレーの場合は他者のゴールを確認したあとでスタートする必要がある。このことがリレーの記録に影響している可能性は否定できない。

そこで筆者は、このようなタイミングのズレが問題にならないような状況を設定して検討した。実験課題は前述した綱引き課題である。ここでは社会的手抜き状況における集団全体のパフォーマンスに関する実験仮説（予測）を知らせ、さらに実験結果をフィードバックすることがパフォーマンスに与える効果について吟味した。

自己実現的予言と自殺的予言

人間の行動に影響を与える予言や予測としては、自己実現的予言（self-fulfilling prophecies）と自殺的予言（suicidal predictions）の2種類がある。(19) 前者は予言が予言通りの現象を生起せしめるものである。たとえば健全な経営をしている銀行でも、倒産の噂（予言）が顧客の大規模な預金の引き出しを誘発し、そのために実際にその銀行が倒産してしまう場合もありうる。いっぽう後者は予言により、それがはずれる方向に作用する現象を指す。たとえば、うさぎは亀《かめ》の速さをあまく見て、ゴール直前に居眠りをしたために亀に徒競走で負けたという寓話《ぐうわ》がある。

実験場面に関しても同様のことが考えられる。実験者の被験者に対する期待という観点から考察すれば、実験仮説や結果についての情報は、それに沿った方向に被験者の行動を導くであろう。

いっぽう、そのような情報が被験者の感情的反発を惹起《じゃっき》することも考えられる。米国のガーゲンは人間には自由意思があるために、もし社会心理学の理論を被験者が知れば、その理論からはずれるように意図的に行動すると述べている。(20) 社会心理学の理論は行動をコントロールし、自由を制限するような意味合いを持っている。人間の自由意思はそれを打破するように方向づけられているとガーゲンは主張する。

これらをふまえて、筆者は集団全体のパフォーマンスに関する仮説や結果に関する情報が個人のパフォーマンスに影響するのか否か、もし影響するとしたらプラスの方向に作用するのかあるいはマイナスの方向に働くのかについて吟味した。さらに仮説と結果が一致した場合と一致しなかった場合に、情報フィードバック後のパフォーマンスがどうなるのかについても検討した。実験条件としては全く情報を与えない条件、社会的促進が発生するとの予言をして、実験結果もその通りになったと偽りのフィードバックをする促進―促進条件、社会的促進予言と実験結果が社会的手抜きを示していたとフィードバックする促進―手抜き条件、その他に、手抜き―促進条件と手抜き―手抜き条件の5条件が設定された。

手抜き―手抜き条件では、実験仮説として次の情報が与えられた。「今までの社会心理学の研究によると、皆で作業をすると、誰かがやってくれるだろうと考えて、全員が無責任になり、1人当たりの力が弱くなり、そのために集団全体の力が弱くなるといわれています。赤信号、皆で渡れば怖くないということで手抜きが生じるという結果が出ています。この研究ではほんとうにそのようなことがあるのか見てみたいと思っています」

さらに実験結果としては次の情報が被験者に与えられた。「今測定した結果を見ると、この集団では社会心理学の理論通りにひとりひとりの力を足し合わせた力よりも、集団でいっせいした。やはり皆が無責任になり手抜きが生じたことが証明されました。これがほんとうかどうかもう一度確かめてみたいと思います」

いっぽう、促進―促進条件では実験仮説として次の情報が与えられた。「今までの社会心理学の研究によると、皆で作業をすると、１人で作業するよりもやる気が高まって、１人当たりの力が強くなり、そのために集団全体の力が強くなるという結果が出ています。オリンピックの水泳やスピードスケートのような競技では複数の選手が同時に競技するようなシステムになっていますが、それはこのほうが記録が良くなるからです。この研究では、ほんとうにそのようなことがあるのか見てみたいと思っています」

それから実験結果に関しては「今測定した結果を見ると、この集団では社会心理学の理論通りにひとりひとりの力を足し合わせた力よりも、集団でいっせいに引っ張った場合の力のほうが強くなるということがわかりました。理論通りの結果になりました。皆が一緒に作業をすると1人でするよりも頑張るということが証明されました。これがほんとうかどうかもう一度確かめてみたいと思います」という情報を与えた。他の条件では仮説と結果に関するこの2種類のフィードバックを実験条件に従って組み合わせた。

事前情報と事後情報

実験の結果、全般的に実験仮説に関する情報も実験結果の情報もパフォーマンスにほとんど影響せず、社会的手抜きが生じた。ただ1つの例外は、「手抜き―手抜き」条件であった。この条件では、社会的手抜きに関する実験仮説を知らせた直後のパフォーマンスは、前述のシャトル・リレーの研究と同様にパフォーマンスを上昇させることはなかった。しかし実験仮説の提示後に作業をさせて、その後に社会的手抜きが実際に生じたとの偽りのフィードバックを行うとその後のパフォーマンスが上昇した。

このことから社会的手抜きの存在を意識させたあと、現実もそのようになったという情報を与えれば社会的手抜きを防ぐことができる可能性が示唆された。社会的手抜きを低減させるには、事前情報と事後情報を組み合わせることが効果的なのかもしれない。

9　手抜きする人物の役割に気づく

役割の分化

サルトルは「人生は、シナリオがない演劇のようなものであり、その中で人は、それぞれの役割を即興で演じなければならず、自由であるがゆえに苦しいものである」と述べている。[21] ただし、即興で演じている役割も時間が経《た》てば、集団の中である程度分化することが多く、そのことが「自由の刑」に処せられた人間に、救いをもたらしている面があるのかもしれない。

家族という集団にも、役割の分化が生じることが多いと言われている。たとえば、兄弟の中でも何でもできて、学業成績も優秀で、品行方正な子（ヒーロー）、逆に問題行動ばかり起こし、学校でも喧嘩したり先生に反抗したりして、家族の迷惑者として排斥されている子（スケープゴート）、ユーモアがあり、家族からかわいがられる子（マスコット）、控えめでおとなしく、目立たない子（失われた子）などの役割に分化することがあるという。[22] 英雄は正義の味方、スケープゴートは悪役を演じ、マスコットは家族を楽しませ、失われた子は家族に波風をたてないようにして、それぞれ、家族の絆を保とうとしている面があるということである。

集団のメカニズムに気づく

このような役割の分化は病理的問題を抱えた家族だけでなく、一般の家族でも生じることが明らかになっている。[23] それは先述したように、それぞれの役割を果たす人が存在することによって、家族という集団の安寧《あんねい》が保たれている可能性があるからである。

会社や組織の中では社会的手抜きをしているとか仕事をしないでぶらぶらしていると非難されたり、多くの人が迷惑を被っていると思われている人がいる。しかし、場合によってはその存在によって集団が維持されている可能性もある。逆に集団のメカニズムが社会的手抜きをする人を生み出したり、その存在を不可欠のものにしているかもしれない。そのような集団のメカニズムに気づくことも、集団の中で発生する社会的手抜きを客体視し、理解することに役立つかもしれない。

あとがき

「社会的手抜き」というテーマで一般向けの本を書くことは、正直言ってかなり骨の折れる作業であった。社会心理学の分野での実証的研究はあるが、わが国でも欧米でもあまり多く行われているとはいえない。とくに最近はほとんど行われていない。実証的研究も実験的研究が多く、現実とのつながりを考えると心もとないような感じがした。また集団や組織を対象とした調査研究もいくつか行われているが、得られた結果は常識で理解できるようなものばかりであった。

そのために本書では、社会的手抜きと関連があるさまざまな社会現象を取り上げ、社会的手抜きの視点から分析することにした。本書で取り上げたのは、たとえば、生活保護の問題、投票率、仕事中のインターネットの私的利用、八百長、集団浅慮、援助行動、カンニング、リスク行動、腐ったリンゴ効果、フリーライダー効果などである。このような現象に関する論文や資料を収集して読み進むにつれて、さまざまな社会問題の背景に社会的手抜きのメカニズムが働いていることがわかった。そして社会的手抜きは集団や組織を維持する面があることも示唆された。その意味で、この世から嘘をなくすことが困難なことと同様に、社会的手抜きをなくすことは難しいと思われる。その証拠に（証拠といっていいのかどうかわからないが）『朝日新聞』の1985年から現在までの記事を検索したところ、「手抜き」という言葉が含まれた記事は3400以上もあった。

そのうちの「工事」と関連したものが33%、「仕事」が20%、「料理・家事」が17%を占めていた。これらの記事の内容のほとんどが、集団や他者との関係で生じる手抜きと関連したものだったので「社会的手抜き」を扱っているといってもよいであろう。そしてこれらの記事は、手抜きを戒めているものがほとんどであった。工事も仕事も家事も、真面目に手抜きすることなく取り組むべきである、あるいは取り組んでいるという趣旨のものであった。

しかしいっぽうでは、そのような真面目さや建前に息苦しさを感じている人が多いということも否定できない。第一生命が毎年行っている「サラリーマン川柳」のコンクールがある。過去、当選した句の中で仕事に関連したものとして、たとえば「無駄省け　実行したら　仕事なし」とか「忙しい　言いつつ向かうは　喫煙所」などがあった。また料理や家事に関連したものの中に「ママゴトで　帰りが早いと　ぼやく女児」や「まな板を　使わずできる　晩ごはん」などがあった。

また娯楽映画には、フーテンの寅さんや「釣りバカ日誌」のハマちゃんのような人物が主人公となっているものもある。このような架空の人物によって癒《いや》されるのは、社会的手抜きが許されない状況や雰囲気の中に人々が日常身を置いているということを象徴しているのかもしれない。ただし、癒されるとしても、映画を見ながらフーテンの寅さんと自分を同一視している人は少ないであろう。どちらかといえば、主人公をはらはらしながら見守り、陰にひなたに主人公を支えている周りの誰か（勤勉な人）に同一視しているであろう。この点がヒーローを主人公とした映画と異なるところであり、同じところでもある。両方とも、結局は勤勉さの奨励がモチーフとなっているのかもしれない。

このように、われわれの社会には勤勉を奨励し社会的手抜きを抑えようという規範があり、そこから日々われわれは有形無形の圧力を受けている。人々は嘘が悪いのと同様に社会的手抜きは望ましくないと思っている。本書ではそのような社会的手抜きのネガティブな面だけではなく、その多面性とそれを処理する方策について述べたものである。

本書をご覧になって集団行動に興味を持たれた方は、集団行動全般について解説している『グループ・ダイナミックス　集団と群集の心理』（有斐閣）をお読みいただければ幸いである。最後に、本書の企画から刊行までお世話になった中公新書編集部の酒井孝博氏に心から感謝申し上げたい。

２０１３年夏

釘原直樹

(9) House, R. J. (1977) "A theory of charismatic leadership" In J. G. Hunt & L. L. Larson (Eds.), *Leadership: The cutting edge*. Carbondale, IL: Southern Illinois University.
(10) 松原敏浩・高井次郎・水野智（1994）「カリスマ的リーダーシップの研究――リーダーシップ行動、カリスマ性および集団効果の相互関係」『産業組織心理学研究』***8***, 29-41.
(11) Leeuwen, E. V., & Knippenberg, D. V. (2002) "How a group goal may reduce social matching in group performance: Shifts in standards for determining a fair contribution of effort" *Journal of Social Psychology*, ***142***, 73-86.
(12) Orpen, C. (1995) "Using the stepladder technique to improve team performance" *Team Performance Management*, ***1***, 24-27.
(13) Rogelberg, S. G., Barnes-Farrell, J. L., & Lowe, C. A. (1992) "The stepladder technique: An alternative group structure facilitating effective group decision making" *Journal of Applied Psychology*, ***77***, 730-737.
(14) Wilson, J. Q., & Kelling, G. L. (1982) "Broken windows" *Atlantic Monthly*, ***249***, 29-38.
(15) Keizer K., Lindenberg S., & Steg L. (2008) "The spreading of disorder" *Science*, ***322***, 1681-1685.
(16) Ernest-Jones, M., Nettle, D., & Bateson, M. (2011) "Effects of eye images on everyday cooperative behavior: A field experiment" *Evolution and Human Behavior*, ***32***, 172-178.
(17) 第7章（16）
(18) Huddleston, S., Doody, S. G., & Ruder, M. K. (1985) "The effect of prior knowledge of the social loafing phenomenon on performance in a group" *International Journal of Sport Psychology*, ***16***, 176-182.
(19) Schlenker, B. R. (1974) "Social psychology and science" *Journal of Personality and Social Psychology*, ***29***, 1-15.
(20) Gergen, K. J. (1973) "Social psychology as history" *Journal of Personality and Social Psychology*, ***26***, 309-320.
(21) ヨースタイン・ゴルデル　池田香代子（訳）（1995）『ソフィーの世界――哲学者からの不思議な手紙』日本放送出版協会
(22) Wegscheider, S. (1981) *Another chance: Hope and health for the alcoholic family*. Palo Alto, CA: Science and Behavior Books.
(23) Kier, F. J., & Buras, A. R. (1999) "Perceived affiliation with family member roles: Validity and reliability of scores on the Children's Role Inventory" *Educational and Psychological Measurement*, ***59***, 640-650.

compensation: The effects of expectations of co-worker performance" *Journal of Personality and Social Psychology*, ***61***, 570-581.

(11) Plaks, J. E., & Higgins, E. T. (2000) "Pragmatic use of stereotyping in teamwork: Social loafing and compensation as a function of inferred partner-situation fit" *Journal of Personality and Social Psychology*, ***6***, 962-974.

(12) Liden, R. C., Wayne, S. J., Jaworski, R. A., & Bennett, N. (2004) "Social loafing: A field investigation" *Journal of Management*, ***30***, 285-304.

(13) Köhler, O. (1927) "Über den Gruppenwirkungsgrad der Menschlichen Körperarbeit und die Bedingungenoptimaler Kollektivkraftreaktion" *Industrielle Psychotechnik*, ***4***, 209-226.

(14) 小窪輝吉（2011）「集団の動機づけ上昇に関する一考察　ケーラー効果とその再現研究」『鹿児島国際大学福祉社会学部福祉社会学部論集』***29***, 52-70.

(15) Osborn, K. A., Irwin, B. C., Skogsberg, N. J., & Feltz, D. L. (2012) "The Köhler effect: Motivation gains and losses in real sports groups" *Sport, Exercise and Performance Psychology*, ***1***, 242-253.

(16) Weber, B., & Hertel, G. (2007) "Motivation gains of inferior group members: A meta-analytical review" *Journal of Personality and Social Psychology*, ***93***, 973-993.

【第８章】

(1) Schnake, M. E. (1991) "Equity in effort: The "sucker effect" in co-acting groups" *Journal of Management*, ***17***, 41-55.

(2) Skinner, B. F. (1953) *Science and human behavior*. New York: Macmillan.

(3) Podsakoff, P. M., Todor, W. D., Grover, R. A., & Huber, V. L. (1984) "Situational moderators of leader reward and punishment behaviours: Fact or fiction?" *Organizational Behavior and Human Performance*, ***34***, 21-63.

(4) Tversky, A., & Kahneman, D. (1974) "Judgment under uncertainty: Heuristics and biases" *Science*, ***185***, 1124-1131.

(5) 苅谷剛彦（2001）『階層化日本と教育危機――不平等再生産から意欲格差社会（インセンティブ・ディバイド）へ』有信堂高文社

(6) 橘木俊詔・八木匡（2009）『教育と格差――なぜ人はブランド校を目指すのか』日本評論社

(7) 山崎将志（2013）「仕事の成功と学歴は関係するか？」『日経プレミアPULS』VOL.6 特集：学歴と仕事　日本経済新聞出版社編　日本経済新聞出版社

(8) Bass, B. M., & Avolio, B. J. (1990) *Transformational leadership development: Manual for the Multifactor Leadership Questionnaire*. Palo Alto, CA: Consulting Psychologists Press.

motivation and the correspondence bias" *Journal of Personality and Social Psychology*, ***58***, 753-764.
(6) Fehr, E., & Gächter, S. (2002) "Altruistic punishment in humans" *Nature*, ***415***, 137-140.
(7) Kerr, N. L. (1983) "Motivation losses in small groups: A social dilemma analysis" *Journal of Personality and Social Psychology*, ***45***, 819-828.
(8) Rutte, C. G., & Wilke, H. A. M. (1992) "Goals, expectations and behavior in a social dilemma situation" In *Social Dilemmas; theoretical issues and research findings* (W. B. G. Liebrand, D. M. Messick & H. A. M. Wilke, Eds.), pp.289-305. New York: Pergamon Press.
(9) Chen, X. P., & Bachrach, D. G. (2003) "Tolerance of free-riding: The effects of defection size, defection pattern and social orientation in a repeated public goods dilemma" *Organizational Behavior and Human Decision Processes*, ***90***, 139-147.
(10) Schnake, M. E. (1991) "Equity in effort: The "sucker effect" in co-acting groups" *Journal of Management*, ***17***, 41-55.

【第7章】
(1) Triplett, H. (1898) "The dynamogenic factors in pace making and competition" *American Journal of Psychology*, ***9***, 507-533.
(2) Allport, F. H. (1924) *Social Psychology*. Boston: Houghton Mifflin.
(3) Keeling, L. J., & Hurnik, J. F. (1993) "Chickens show socially facilitated feeding behaviour in response to a video image of a conspecific" *Applied Animal Behaviour Science*, ***36***, 223-231.
(4) Zajonc, R. B. (1965) "Social facilitation" *Science*, ***149***, 269-274.
(5) Sanders G. S., & Baron R. S. (1975) "The motivating effects of distraction on task performance" *Journal of Personality and Social Psychology*, ***32***, 956-963.
(6) Cottrell, N. B. (1972) "Social facilitation" In C. G. McClintock (Ed.), *Experimental social psychology* (pp.185-236). New York: Holt, Rinehart, & Winston.
(7) Henchy, T., & Glass, D. C. (1968) "Evaluation apprehension and the social facilitation of dominant and subordinate responses" *Journal of Personality and Social Psychology*, ***10***, 446-454.
(8) Sanders, G. S. (1984) "Self-presentation and drive in social facilitation" *Journal of Experimental Social Psychology*, ***20***, 312-322.
(9) 宮本正一 (1985)「聴衆の社会的地位が自由再生に及ぼす効果」『心理学研究』***56***, 171-174.
(10) Williams, K. D., & Karau, S. J. (1991) "Social loafing and social

as a function of task duration and mood" *Journal of sport behavior*, ***18***, 39-49.
(4)南雲孝一（1996）『大リーグ観戦の醍醐味』毎日コミュニケーションズ
(5)Schwartz, B., & Barsky, S. F.（1977）"The home advantage" *Social Forces*, ***55***, 641-661.
(6)Courneya, K. S., & Carron, A. V.（1990）"Batting first versus last: Implications for the home advantage" *Journal of Sport and Exercise Psychology*, ***12***, 312-316.
(7)内閣府政策統括室総合企画調整担当（2004）『第７回世界青少年意識調査結果概要速報』http://www8.cao.go.jp/youth/kenkyu/worldyouth7/pdf/top.html
(8)Pollard, R., & Pollard, G.（2005）"Long-term trends in home advantage in professional team sports in North America and England（1876-2003）" *Journal of Sports Sciences*, ***23***, 337-350.
(9)Pollard, R.（2006）"Worldwide regional variations in home advantage in association football" *Journal of Sports Sciences*, ***24***, 231-240.
(10)Wolfson, S., Wakelin, D., & Lewis, M.（2005）"Football supporters' perceptions of their role in the home advantage" *Journal of Sports Sciences*, ***23***, 365-374.
(11)川崎慎也（2010）「勝敗決定直前の認知上の失点率がパフォーマンスに及ぼす影響」大阪大学人間科学部卒業論文
(12)Nevill, A. M., Balmer, N. J., & Williams, A. M.（2002）"The influence of crowd noise and experience upon refereeing decisions in football" *Psychology of Sport and Exercise*, ***3***, 261-272.
(13)Dubner, S. J., & Levitt, S. D.（2005）*Freakonomics: A rogue economist explores the hidden side of everything*. New York: William Morrow.

【第６章】
(1)Chance, Z., Norton, M. I., Gino, F., & Ariely, D.（2011）"Temporal view of the costs and benefits of self-deception" *Proceedings of the National Academy of Sciences*, ***108***, 15655-15659.
(2)Kahneman, D., & Tversky, A.（1979）"Prospect theory: An analysis of decision under risk" *Econometrica: Journal of the Econometric Society*, ***47***, 263-291.
(3)Baumeister, R. F., Bratslavsky, E., Finkenauer, C., & Vohs, K. D.（2001）"Bad is stronger than good" *Review of General Psychology*, ***5***, 323-370.
(4)Miller, D. T., Visser, P. S., & Staub, B. D.（2005）"How surveillance begets perceptions of dishonesty: The case of the counterfactual sinner" *Journal of Personality and Social Psychology*, ***89***, 117-128.
(5)Fein, S., Hilton, J. L., & Miller, D. T.（1990）"Suspicion of ulterior

【第4章】
(1)NHK取材班(2012)『生活保護3兆円の衝撃——NHKスペシャル』宝島社
(2)Deci, E. L.(1972)"Intrinsic motivation, extrinsic reinforcement, and inequity" *Journal of Personality and Social Psychology*, ***22***, 113-120.
(3)Festinger, L., & Carlsmith, J. M.(1959)"Cognitive consequences of forced compliance" *Journal of Abnormal and Social Psychology*, ***58***, 203-210.
(4)Beit-Hallahmi, B.(1979)"Personal and social components of the protestant ethic" *Journal of Social Psychology*, ***109***, 263-267.
(5)Mirels, H. L., & Garrett, J. B.(1971)"The protestant ethic as a personality variable" *Journal of Consulting and Clinical Psychology*, ***36***, 40-44.
(6)Furnham A.(1982)"The Protestant work ethic and attitudes toward unemployment" *Journal of Occupational Psychology*, ***55***, 277-285.
(7)Algan, Y., Cahuc, P., & Sangnier, M.(2011)"Efficient and inefficient welfare states" *Forschungsinstitut zur Zukunft der Arbeit*(*IZA*)*Discussion Paper* No. 5445, 1-44.
(8)McClelland, D. C.(1961)*The achieving society*. Princeton: Van Nostrand.
(9)Riker, W. H., & Ordeshook, P. C.(1968)"A theory of the calculus of voting" *American Political Science Review*, ***62***, 25-42.
(10)山田真裕(1992)「投票率の要因分析 1979-86年総選挙」『選挙研究』***7***, 100-116.
(11)宮野勝(1989)「総選挙における投票率の説明」『社会学評論』***40***, 166-179.
(12)Acevedo, M., & Krueger, J. I.(2004)"Two egocentric sources of the decision to vote: The voter's illusion and the belief in personal relevance" *Political Psychology*, ***25***, 115-134.
(13)Janis, I. L.(1982)*Groupthink: Psychological studies of policy decision and fiascos*(2nd Ed.). Boston: Houghton Mifflin.
(14)児島襄(1965)『太平洋戦争(上)』中公新書 中央公論社

【第5章】
(1)Høigaard, R., & Ingvaldsen, R. P.(2006)"Social loafing in interactive groups: The effects of identifiability on effort and individual performance in floorball" *Online Journal of Sport Psychology*, ***8***, 52-63.
(2)Høigaard, R., Tofteland, I., & Ommundsen, Y.(2006)"The effect of team cohesion on social loafing in relay teams" *International Journal of Applied Sports Sciences*, ***18***, 59-73.
(3)Anshel, M. H.(1995)"Examining social loafing among elite female rowers

(19) 日本青少年研究所（2010）『高校生の勉強に関する調査報告書――日本・アメリカ・中国・韓国の比較』財団法人日本青少年研究所
(20) 吉田綾乃・浦光博・黒川正流（2004）「日本人の自己卑下呈示に関する研究――他者反応に注目して」『社会心理学研究』**20**, 2, 144-151.
(21) 日本青少年研究所（2011）『高校生の心と体の健康に関する調査報告書――日本・アメリカ・中国・韓国の比較』財団法人日本青少年研究所
(22) 出口拓彦（2007）「大学の授業における私語と視点取得・友人の数・座席位置の関連――「私語をすること」「私語をされること」の相違に着目して」『藤女子大学紀要』**44**, 45-51.
(23) 矢澤久史（2002）「教室における座席位置と学習意欲、学業成績との関係」『東海女子大学紀要』**22**, 109-117.
(24) 遠山孝司（2008）「定期試験での学生の座席位置と成績の関連：教室の前方に座ると学生はよい成績をとるのか？」『日本教育心理学会50回総会発表論文集』684.
(25) 藤本貴之・川井博之・志村敦史（2009）「大学生のカンニング　不正行為の傾向分析とその抑止のシステムの提案」『情報処理学会第107回情報システムと社会環境研究会研究報告』17-22.
(26) Karlins, M., Michaels, C., & Podlogar, S.（1988）“An empirical investigation of actual cheating in a large sample of undergraduates” *Research in Higher Education*, ***29***, 359-364.
(27) Gardner, W. M., Roper, J. T., Gonzalez, C. C., & Simpson, R. G.（1988）“Analysis of cheating on academic assignments” *Psychological Record*, ***38***, 543-555.
(28) Stone, T. H., Jawahar, I. M., & Kisamore, J. L.（2010）“Predicting academic misconduct intentions and behavior using the theory of planned behavior and personality” *Basic and Applied Social Psychology*, ***32***, 35-45.
(29) 細川和仁（2006）「大学生にとっての授業・指導と学習支援」『秋田大学教養基礎教育研究年報』***8***, 1-9.
(30) 氏家達夫（1980）「小学生の不正行動についての研究」『北海道大学教育学部紀要』***37***, 111-128.
(31) 島倉大輔・田中健次（2003）「人間による防護の多重化の有効性」『品質』***33***, 104-112.
(32) Wilde, G. J. S.（1982）“The theory of risk homeostasis: Implication for safety and health” *Risk Analysis*, ***2***, 209-225.
(33) 芳賀繁（2009）「安全技術では事故を減らせない：リスク補償行動とホメオスタシス理論」『電子情報通信学会技術研究報告 SSS安全性』*109*, 9-11.
(34) Luchins, A. S.（1942）“Mechanization in problem solving: The effect of Einstellung” *Psychological Monographs*, ***54***, 1-95.

(3) Blanchard, A. L., & Henle, C. A. (2008) "Correlates of different forms of cyberloafing: The role of norms and external locus of control" *Computers in Human Behavior*, ***24***, 1067-1084.
(4) ネットスターによる
(5) Liberman, B., Seidman, G., McKenna, K. Y., & Buffardi, L. E. (2011) "Employee job attitudes and organizational characteristics as predictors of cyberloafing" *Computers in Human Behavior*, ***27***, 2192-2199.
(6) マルチメディア振興センター
(7) Osborn, A. F. (1957) ***Applied imagination***. New York: Scribner.
(8) 三浦麻子・飛田操 (2002)「集団が創造的であるためには」『実験社会心理学研究』***41***, 124-136.
(9) Taylor, D. W., Berry, P. C., & Block, C. H. (1958) "Does group participation when using brainstorming facilitate or inhibit creative thinking?" *Administrative Science Quarterly*, ***3***, 23-47.
(10) Harkins, S. G., & Petty, R. E. (1982) "Effects of task difficulty and task uniqueness on social loafing" *Journal of Personality and Social Psychology*, ***43***, 1214-1229.
(11) Shotland, R. L., & Straw, M. K. (1976) "Bystander response to an assault: When a man attacks a woman" *Journal of Personality and Social Psychology*, ***34***, 990-999.
(12) Moriarty, T. (1975) "Crime, commitment and the responsive bystander: Two field experiments" *Journal of Personality and Social Psychology*, ***31***, 370-376.
(13) Latané, B., & Darley, J. M. (1970) ***The unresponsive bystander: Why doesn't he help?*** Englewood Cliffs, NJ: Prentice Hall. 竹村研一・杉崎和子（訳）(1997)『冷淡な傍観者——思いやりの社会心理学』ブレーン出版
(14) Levine, R. V., Martinez, T. S., Brase, G., & Sorenson, K. (1994) "Helping in 36 US cities" *Journal of Personality and Social Psychology*, ***67***, 69-69.
(15) Amato, P. R. (1983) "Helping behavior in urban and rural environments: Field studies based on a taxonomic organization of helping episodes" *Journal of Personality and Social Psychology*, ***45***, 571-586.
(16) Kugihara, N. (2005) "Effects of physical threat and collective identity on prosocial behavior in an emergency" In J. P. Morgan (Ed.), *Psychology of aggression* (pp.45-67) Hauppauge, NY: Nova Science Publishers.
(17) Huston, T. L., Ruggiero, M., Conner, R., & Geis, G. (1981) "Bystander intervention into crime: A study based on naturally-occurring episodes" *Social Psychology Quarterly*, ***44***, 14-23.
(18) Sorrels, J. P., & Kelley, J. (1984) "Conformity by omission" *Personality and Social Psychology Bulletin*, ***10***, 302-305.

social loafing: The role of personality, motives, and contextual factors" *Journal of psychology*, ***142***, 89-108.
(26) Ülke, H. E., & Bilgiç, R. (2011) "Investigating the role of the Big Five on the social loafing of information technology workers" *International Journal of Selection and Assessment*, ***19***, 301-312.
(27) McClelland, D. C., Atkinson, J. W., Clark, R. A., & Lowell, E. A. (1953) *The achievement motive*. New York: Appleton-Century.
(28) 樋口康彦 (2011)「達成動機測定方法の動向」『富山国際大学国際教養学部紀要』***7***, 55-64.
(29) Cassidy, T., & Lynn, R. (1989) "A multifactorial approach to achievement motivation: The development of a comprehensive measure" *Journal of Occupational Psychology*, ***62***, 301-312.
(30) Hart, J. W., Karau, S. J., Stasson, M. F., & Kerr, N. A. (2004) "Achievement motivation, expected coworker performance, and collective task motivation: Working hard or hardly working?" *Journal of Applied Social Psychology*, ***34***, 984-1000.
(31) Woodman, T., Roberts, R., Hardy, L., Callow, N., & Rogers, C. H. (2011) "There is an "I" in team: Narcissism and social loafing" *Research Quarterly for Exercise and Sport*, ***82***, 285-290.
(32) Charbonnier, E., Huguet, P., Brauer, M., & Monteil, J. M. (1998) "Social loafing and self-beliefs: Peoples collective effort depends on the extent to which they distinguish themselves as better than others" *Social Behavior and Personality: An International Journal*, ***26***, 329-340.
(33) Smith, B. N., Kerr, N. A., Markus, M. J., & Stasson, M. F. (2001) "Individual differences in social loafing: Need for cognition as a motivator in collective performance" *Group Dynamics: Theory, Research, and Practice*, ***5***, 150-158.
(34) Thompson, B., & Thornton, B. (2007) "Exploring mental-state reasoning as a social-cognitive mechanism for social loafing in children" *Journal of social psychology*, ***147***, 159-174.
(35) Talwar, V., & Lee, K. (2002) "Development of lying to conceal a transgression: Children's control of expressive behaviour during verbal deception" *International Journal of Behavioral Development*, ***26***, 436-444.

【第3章】

(1) Naughton, K., Raymond, J., & Shulman, K. (1999) "Cyberslacking" *Newsweek*, ***134***, 62-65.
(2) Greenfield, D. N., & Davis, R. A. (2002) "Lost in cyberspace: the web@work" *CyberPsychology & Behavior*, ***5***, 347-353.

(10)川名好裕・Williams, K.・Latané, B.（1982）「社会的怠惰効果——日本の中学生の場合」『日本心理学会第46回大会予稿集』428.
(11)小窪輝吉（1994）「課題の誘因が社会的手抜きに及ぼす効果」『日本グループ・ダイナミックス学会第42回大会発表論文集』88-89.
(12)白樫三四郎（1991）「社会的手抜き」三隅二不二・木下冨雄（編）『現代社会心理学の発展II』ナカニシヤ出版　pp.125-158.
(13)Yamaguchi, S., Okamoto, K., & Oka, T.（1985）“Effects of coactor's presence: Social loafing and social facilitation” *Japanese Psychological Research*, ***27***, 215-222.
(14)Earley, P. C.（1993）“East meets West meets Mideast: Further explorations of collectivistic and individualistic work groups” *Academy of Management Journal*, ***36***, 319-348.
(15)Henrich, J., Boyd, R., Bowles, S., Camerer, C., Fehr, E., Gintis, H., & Tracer, D.（2005）““Economic man” in cross-cultural perspective: Behavioral experiments in 15 small-scale societies” *Behavioral and Brain Sciences*, ***28***, 795-814.
(16)梁覚・井上ゆみ（2003）「中国人の社会的行動——中国文化におけるグループ・ダイナミックス」山口勧編『社会心理学——アジアからのアプローチ』東京大学出版会　pp.173-191.
(17)毛新華・大坊郁夫（2008）「社会的スキルの内容に関する中国人大学生と日本人大学生の比較」『対人社会心理学研究』***8***, 123-128.
(18)末田清子（1998）「中国人学生と日本人学生の「面子」の概念及びコミュニケーション・ストラテジーに関する比較の一事例研究」『社会心理学研究』***13***, 103-111.
(19)阿形亜子・武芸・釘原直樹（2012）「共作業他者のパフォーマンス変化への反応　日中比較の探索的検討」『日本グループ・ダイナミックス学会第59回大会発表論文集』70-71.
(20)Cherry, F., & Deaux, K.（1978）“Fear of success versus fear of gender-inappropriate behavior” *Sex Roles*, ***4***, 97-101.
(21)Beilock, S. L., Rydell, R. J., & McConnell, A. R.（2007）“Stereotype threat and working memory: Mechanisms, alleviation, and spillover” *Journal of Experimental Psychology General*, ***136***, 256-276.
(22)第１章（8）参照
(23)Kugihara, N.（1999）“Gender and social loafing in Japan” *Journal of Social Psychology*, ***139***, 516-526.
(24)Vancouver, J. B., Rubin, B., & Kerr, N. L.（1991）“Sex composition of groups and member motivation III: Motivational losses at a feminine task” *Basic and Applied Social Psychology*, ***12***, 133-144.
(25)Tan, H. H., & Tan, M. L.（2008）“Organizational citizenship behavior and

研究」『鹿児島国際大学福祉社会学部論集』**23**, 1-9.
(11) Coch, L., French, Jr., & John, R. P.（1948）"Overcoming resistance to change" *Human Relations*, ***1***, 512-532.
(12) 佐々木薫（1998）「監督者、生産水準規範、および集団生産性——集団規範の作用に関する実験的研究」『関西学院大学社会学部紀要』**79**, 35-49.
(13) 高田亮（2007）「順番によるプレッシャーが「あがり」に及ぼす影響」大阪大学大学院人間科学研究科修士論文
(14) Wicklund, R. A., & Duval, S.（1971）"Opinion change and performance facilitation as a result of objective self-awareness" *Journal of Experimental Social Psychology*, ***7***, 319-342.
(15) Nijstad, B. A.（2009）*Group Performance*. Hove: Psychology Press.
(16) Kenworthy, L.（2008）*Slow income growth for middle America*. http://lanekenworthy.net/2008/09/03/slow-income-growth-for-middle-america/
(17) Piketty, T., & Saez, E.（2006）"The evolution of top incomes: A historical and international perspective" *American Economic Review*, ***96***, 200-205.

【第２章】
(1) Haines, V. Y. III, & Taggar, S.（2006）"Antecedents of team reward attitude" *Group Dynamics: Theory, Research and Practice*, ***10***, 194-205.
(2) Sedikides, C., Gaertner, L., & Toguchi, Y.（2003）"Pancultural selfenhancement" *Journal of Personality and Social Psychology*, ***84***, 60-79.
(3) Cross, S. E., & Madson, L.（1997）"Models of the self: Self-construals and gender" *Psychological Bulletin*, ***122***, 5-37.
(4) Semin, G. R., & Rubini, M.（1990）"Unfolding the concept of person by verbal abuse" *European Journal of Social Psychology*, ***20***, 463-474.
(5) Triandis, H. C., & Suh, E. M.（2002）"Cultural influences on personality" *Annual Review of Psychology*, ***53***, 133-160.
(6) Fiske, A. P.（2002）"Using individualism and collectivism to compare cultures: A critique of the validity and measurement of the constructs" *Psychological Bulletin*, ***128***, 78-88.
(7) 高野陽太郎（2008）『「集団主義」という錯覚——日本人論の思い違いとその由来』新曜社
(8) Gabrenya, W. K., Latané, B., & Wang, Y. E.（1981）"Social loafing among Chinese overseas and U. S. students" Paper presented at the second Asian conference of the international association for cross-cultural psychology, Taipei
(9) Gabrenya, W. K., Wang, Y., & Latané, B.（1985）"Social loafing on an optimizing task: Cross-cultural differences among Chinese and Americans" *Journal of Cross-Cultural Psychology*, ***16***, 223-242.

註・参考文献

【はじめに】

(1)山田日登志（2009）『自分で考える社員のつくり方――ムダとりが生み出す「やる気革命」』PHP新書

(2)Rajecki, D. W.（2010）“Zajonc, cockroaches, and chickens, c. 1965-1975: A characterization and contextualization” *Emotion Review*, ***2***, 320-328.

(3)Kravitz, D. A., & Martin, B.（1986）“Ringelmann rediscovered: The original article” *Journal of Personality and Social Psychology*, ***50***, 936-941.

(4)Jackson, J. M., & Padgett, V. R.（1982）“With a little help from my friend: Social loafing and the Lennon-McCartney songs” *Personality and Social Psychology Bulletin*, ***8***, 672-677.

【第１章】

(1)Hardy, C. I., & Latané, B.（1988）“Social loafing in cheerleaders: effects of team membership and competition” *Journal of Sport and Exercise Psychology*, ***10***, 109-114.

(2)日本心理学会の投稿規程によれば「被験者」ではなく「実験参加者」という言葉を使用することを原則とすることになっている。しかし、「実験参加者」は「実験協力者」や「実験補助者」と弁別しにくいので、本書では「被験者」という言葉を使用する。

(3)Latané, B., Williams, K., & Harkins, S.（1979）“Many hands make light the work: The causes and consequences of social loafing” *Journal of Personality and Social Psychology*, ***37***, 822-832.

(4)Steiner, I. D.（1972）*Group process and productivity*. New York, Academic Press.

(5)Surowiecki, J.（2004）*The wisdom of crowds*. New York: Doubleday.　小高尚子（訳）（2006）『「みんなの意見」は案外正しい』角川書店

(6)Forsyth, D. R.（2006）*Group Dynamics*, 4th Edition. Belmont, CA: Thomson Wadsworth.

(7)Latané, B.（1981）“The psychology of social impact” *American Psychologist*, ***36***, 343-365.

(8)Karau, S. J., & Williams, K. D.（1993）“Social loafing: A meta-analytic review and theoretical integration” *Journal of Personality and Social Psychology*, ***65***, 681-706.

(9)中島渉（2007）「時間的展望が集団におけるパフォーマンスや動機づけに及ぼす影響」大阪大学人間科学研究科修士論文

(10)小窪輝吉（2005）「相互作用集団における社会的手抜きに関する実験室

釘原直樹（くぎはら・なおき）

1952年，福岡県生まれ．1982年，九州大学大学院教育学研究科博士後期課程（教育心理学専攻）満期退学．大阪大学人間科学部教務職員，助手，九州工業大学工学部講師，助教授，教授を経て，現在大阪大学大学院人間科学研究科教授．博士（教育心理学）．専攻・社会心理学．
著書『グループ・ダイナミックス　集団と群集の心理学』（有斐閣，2011）
『パニック実験　危機事態の社会心理学』（ナカニシヤ出版，1995）
『リスクの社会心理学　人間の理解と信頼の構築に向けて』（分担執筆，有斐閣，2012）
『テロリズムを理解する　社会心理学からのアプローチ』（監訳，ナカニシヤ出版，2008）ほか

人《ひと》はなぜ集団《しゅうだん》になると怠《なま》けるのか
中公新書 *2238*

2013年10月25日初版
2017年6月5日4版

著　者　釘原直樹
発行者　大橋善光

本文印刷　三晃印刷
カバー印刷　大熊整美堂
製　　本　小泉製本

発行所　中央公論新社
〒100-8152
東京都千代田区大手町 1-7-1
電話　販売 03-5299-1730
　　　編集 03-5299-1830
URL http://www.chuko.co.jp/

Published by CHUOKORON-SHINSHA, INC.
Printed in Japan　ISBN978-4-12-102238-7 C1211